JN299767

英語でロジカルに伝えられるようになる本

安達 洋
瀬能 和彦 著

SOGO HOREI PUBLISHING CO., LTD

■はじめに■

　本書の著者2人は、普段、社会人や学生を対象に英語を教えています。英語教育の現場で痛感している2つの課題に向き合うために、本書を執筆することにしました。

　1つ目の課題とは、多くの学習者が日本語においても十分な質と量の発話ができていない状態にありながら、英語を学ばざるを得ない状況に立たされているということです。
　日本語で言えないことを、英語で言えるはずもありません。ビジネスの話なら雄弁となるビジネスパーソンでも、趣味の話になると場が持たないことがよくあります。「好きな動物は？」という質問に対して、日本語でも「犬です」で終わってしまうような会話を、英語で膨らませることはできません。

　もう1つの課題は、どちらかというと英語の中上級者が抱えている問題です。
　書店で英語がある程度できる人向けの教材を眺めていますと、「さらに洗練された英語表現」を追求する教材がほとんどです。英語の表現レベルを向上させ、ネイティブスピーカーからも「こいつ、結構デキル奴だな」と思わせるような高度なボキャブラリーや表現が中上級者の向上心をくすぐるからこそ、そういう教材が氾濫しているのでしょう。
　しかし、ビジネスの現場では、英語のボキャブラリーや表現のレベルと、当人の仕事やコミュニケーションのセンスと

の間に、それほど明確な相関関係はないように思われます。仕事ができる人は、中学卒業レベルの英語力でも問題なく外国人と渡り合っていますし、反対にネイティブも惚れ惚れするような流暢な英語を話せるのに、話の内容や仕事のセンスは今ひとつという人もいます。

　洗練された英語表現やボキャブラリーを学ぶこと自体を、決して否定しているわけではありません。しかし、ビジネスやコミュニケーションの現場では、日英問わず、その大元となる思考力が根底になければ、せっかく格調高いボキャブラリーや上級者向け表現を覚えても決してそれらを活かすことはできないのです。

　本書では、英語の表現そのものよりも、その根底に流れている思考力に目を向けていただくために、高度なボキャブラリーや表現はなるべく回避し、その分、会話や文章の根底にあるロジックやコミュニケーション的配慮に注目していただけるようにしました。その結果、英語そのものは中上級者にはやや物足りないかもしれませんが、論理の組み立て方においては、十分挑戦する価値があるものばかりです。

「仕事力」、そして、その根底となる「思考力」のレベルにおいて、外国人と対等に渡り合っていける日本人が増えてくれることを願ってやみません。

　　　　　　　　　　　　　2013年8月吉日　安達 洋・瀬能和彦

●目次●

はじめに

第1章　なぜロジカルな英語を話す必要があるのか

1　ビジネスコミュニケーションでロジックが必要な4つの理由……8
2　ロジカルシンキングは自己学習可能か？……11
3　ロジカル以前に英語では語順が大切……13
4　多忙な学習者のためのボキャブラリー戦略……21
5　基本単語のコアイメージの作り方……24
6　本書を使う際の5つの前提……26

第2章　説得力を磨くロジック7つのポイント

1　ロジック①　つながりがわかるように話す……34
2　ロジック②　理由をつけて主張する……36
3　ロジック③　根拠を吟味する……40
4　ロジック④　論拠を把握する……44
5　ロジック⑤　つなぎの言葉を意識して使用する……47
6　ロジック⑥　帰納的推論を理解する……53
7　ロジック⑦　アナロジーを用いる……56

第3章　ビジネス場面でロジックを使ってみよう

1　つながりがわかるように話す（実践編）……62
2　理由をつけて主張する（実践編）……66
3　根拠を吟味する（実践編）……70
4　論拠を把握する（実践編）……75
5　つなぎの言葉を意識して使用する（実践編）……80
6　帰納的推論を理解する（実践編）……84
7　アナロジーを用いる（実践編）……90

第4章　英語でロジカルにアウトプットしてみよう

1　プレゼンテーションの基本……98
2　ディベート的手法を用いたプレゼンテーションの例
　　……102
3　新製品の発表に関するプレゼンテーションの例……112
4　営業部のミーティングでの営業部長からの指示……118
5　プロダクトマネジャーの新任挨拶メール……124
6　支店長から本社人事部長宛最低賃金引き上げ要請メール
　　……130
7　会議中の宿泊先に関する提案メール……136

編集協力　岩崎ゆり子

装丁　小松 学（エヌワイアソシエイツ）
カバー＆本文イラスト　テンキ
本文DTP&図表作成　横内俊彦

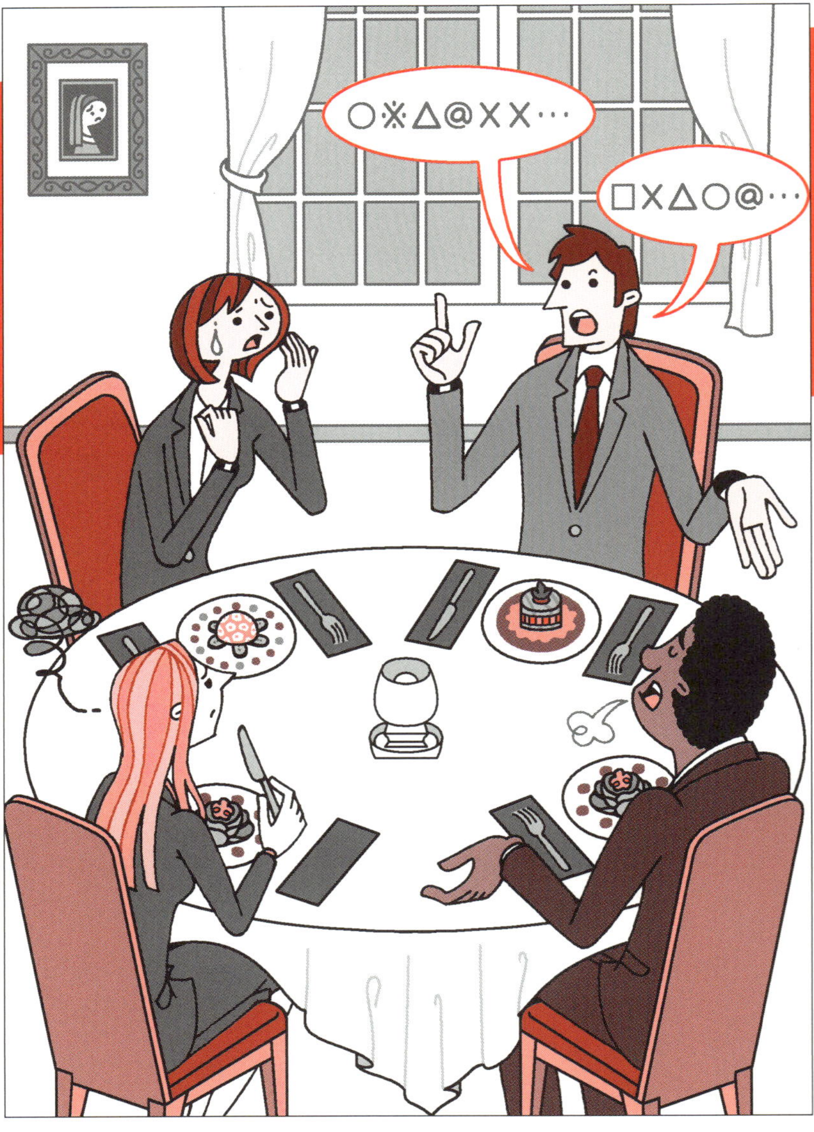

第1章

なぜロジカルな英語を話す必要があるのか？

　この章では、英語をロジカルに話せることが必要となる背景やロジカルな英語を話すために留意しておきたいポイントについて紹介します。まずは本書に登場する用語や表現の定義をここで確認しておきましょう。

① ロジック（論理）
　　語句と語句、または文と文の意味上のつながり
② ロジカル（論理的）な話し方
　　語句と語句、文と文のつながりを
　　聞き手が理解できるように話すこと
③ ロジカルシンキング（論理的思考）
　　明確なロジックに沿った考え方

「英語をロジカルに話せる」とは、「英文の中の語句と語句、英文と英文との意味上のつながりを、聞き手が理解できるように話せる」ということになります。
「Aさんの話がわかりにくいのはなぜだろう？」
「なぜ自分の話はわかってもらえなかったんだろう？」など、日常生活で遭遇する「意図の伝わりにくさ」も、ロジックの有無、ロジックの精度などを検証することで、その原因が見えてくるかもしれません。

1 ビジネスコミュニケーションでロジックが必要な4つの理由

「屁理屈」という言葉が象徴するように、日本社会では、なんでも理詰めで考えることは、どちらかというと敬遠されがちです。

しかし、そもそも「理屈に頼らないコミュニケーション」が成立するのは、同じ価値観、同じ生活観を共有しているという前提があるからです。そうした共有前提がない外国人と共同作業をする場合、ある程度、ロジックを意識して説明する努力がお互いに必要です。

ロジックというと、自分のほうからいろいろと説明しなければならない「義務的」な印象がありますが、わかりにくい話をする相手に、説明を求める「権利」でもあるのです。相手に対する説明責任を果たすだけでなく、ときには相手にも明快な説明を求めるために、ロジックについて一通り学んでおきましょう。

①理由を示さないことがビジネスパートナーにストレスを与えている

　日本国内にいると、いちいち言葉で説明し合わなくともわかりあえてしまうように感じることが多いため、何事においてもつい言葉少なめになりがちです。しかし、ひとたびコミュニケーションの相手が外国人となると、何かひとつのことを述べるのにも、その背景や理由など、言葉を添える必要性が生まれます。

　これは、日本人同士では暗黙のうちに共有しているような背景情報を、外国人は持っていないため、日本人同士以上に説明責任が発生するのだと考えられます。

　もっとも、いつ何時も絶対的に理由を添えなければならないわけでもありませんが、理由をつけることで会話が膨らむこともありますので、何かにつけ、理由づけしておく習慣を身につけておくに越したことはありません。

②質問に答えていない回答がビジネスパートナーからの信頼を奪う

「質問の回答になっていない回答を展開する」というのは、テレビの政治討論番組ではおなじみのテクニックかもしれません。しかし、グローバルビジネスの世界では、質問に答えないという選択肢はありえないと考えておいたほうがよいでしょう。仮に、その場で即回答が難しい場合でも、「はぐらかす」という高度な技術を英語で実践することはかなり難しいはずです。その場合は、はっきりと「回答を保留する」旨

を述べたほうがよいでしょう。

③情報量の少ないことがビジネスパートナーの猜疑心を そそる

　東日本大震災後の原発事故で明らかになった開示情報の少なさに対する不信感は、国内の人々以上に、海外のメディアのほうが強かった印象がありました。外国人とのやり取りにおいて、彼らは情報の閉鎖性に対しては、日本人以上に敏感だと考えておいたほうがよいでしょう。こうしたことから、外国人を交えた英語での商談中、日本人だけで日本語で話したいときなどは、外国人側に一言断ってから日本語に切り替えるべきです。

④唐突かつ強引な要求がビジネスパートナーとの摩擦を もたらす

　日本人の話す英語の特徴として、極端に丁寧かと思いきや、突然不躾な頼み方をしてしまうということがよく取り上げられます。これは気配りがないというよりも、英語の表現力不足も要因の1つであるように思います。相手側に相応の負担を強いるような要求の場合、日本語での依頼同様、一定の理由説明を行ってから、本題に進むのが理想でしょう。

2 ロジカルシンキングは自己学習可能か？

　ロジカルシンキングは、日常生活で鍛えることができるのでしょうか？　しかも議論する相手のいない状態で一人で鍛えることはできるのでしょうか？　さらに、あわよくば英語の発信力も同時に鍛えられたら一石二鳥です。

　１つ考えられるのが、日ごろの電子メールでのやりとりです。日本語で書く文章は、主語や目的語がしばしば省略されます。そもそも、わかりきった情報は省略したほうが日本語として美しく仕上がります。しかし、そこをあえて、主語を省略することで、読み手において誤解が生じる可能性がないか想像してみます。

　あるいは、何かを相手に依頼する際、こちらから送る１通のメールですべて用件が伝えられているかチェックすることも有効でしょう。言い換えれば、相手から質問が来ないような書き方を目指すのです。

　たとえば、カタログの印刷を印刷業者に依頼するとします。「カタログＡを10月末までに納品願います」と送れば、相手

からは、「ところで、何冊印刷すればいいですか？」と質問が来るでしょうし、「1,000冊お願いします」と送れば、今度は「送り先は貴社でよろしいですか？」と再度質問が来るかもしれません。そこで、「カタログAを1,000冊、10月末までに弊社マーケティング部佐藤まで納品願います」とすれば、先方からは「了解しました」という1通のメールでコミュニケーションは完了してしまうかもしれません。

　テレビのニュース番組を観ているときにも、ロジカルシンキングのトレーニングはできます。「○○に多くの国民が反対しています」というような伝え方を見つけたら、「ここで言う国民とは、本当に国民全員を示しているのだろうか？」「賛成意見を報じないのは何か意図があるのではないだろうか？」と考えてみるのもよいでしょう。

　このように、意識の持ち方ひとつで、ロジカルシンキングは日常的にある程度鍛えることができます。

3 ロジカル以前に英語では語順が大切

1 語順が第一歩

　筆者が以前務めていた外資系企業に、2人の異なるタイプのマネジャーがいました。1人はカタカナ発音でもまったく問題なく仕事をこなしていたマネジャー、もう1人はカタカナ発音が円滑な仕事の障害となっていたマネジャーです。どちらもカタカナ発音なのに、実績に大きく差が開いたのはなぜなのでしょうか？

　実は、カタカナ発音そのものは、どちらのマネジャーも似たり寄ったりのレベルで、コミュニケーション上特に問題があるようには思えませんでした。

　しかし、決定的な違いが1つあったのです。それは「語順」でした。カタカナ発音で完璧に仕事がこなせたマネジャーは、中学卒業レベルの構文が完全にアタマに入っていて、どれだけしゃべっても、英語の語順が乱れることは決してあ

りませんでした。反対にもう1人のマネジャーは「語順」がかなりメチャクチャだったため、ネイティブスピーカーの役員にとって、彼の言うことを理解することは難しかったようです。

　このように、話の内容が論理的かどうか以前の問題として、英語は語順が崩れていると、ネイティブスピーカーにはほとんど通じないと覚悟しておいたほうがいいでしょう。「昨日、うなぎ食べたんだ、俺」を言いたいのであれば、せめて、英語の語順を意識して「俺・食べた・うなぎ・昨日」という日本語をアタマに浮かべた上で、英語にしてみましょう。「yesterday, eel, ate I」は完全にアウトです。モデル英文は「I ate eel yesterday.」としておきますが、これを丸暗記するのではなく、この例文の語順をアタマに叩き込みましょう！

　正しい「語順」は「ロジカルな英語を話す」のための第一歩です。

2 英語の文型はたったの5つ

　次に、語順を体に染み込ませるために、英語の語順を5つの文型に整理してみました。疑問文や強調文では多少語順が変わったりしますが、日常で遭遇する英文のほとんどはこれら5つの文型に分類できると考えてよいでしょう。

　5文型の共通点は、必ず主語があるということです。主語はこれから話す文のテーマと考えられます。英語は、最初に

どんなことについて話すのかテーマを明確にする傾向が強いといえます。たとえば、「My father bought a watch.」であれば、主語は「My father」であり、「これから私の父の話をするよ」と前振りしていると考えられます。「The watch was very expensive.」であれば、主語は「The watch」であり、「その腕時計の話をするよ」という流れを作っています。

5文型にはもう1つ共通点があります。それは主語の後に動詞が続くということです。ただし、動詞には2種類あり、be動詞（実際の英文では、am、is、are、was、wereの形で使われます）のように、主語の定義や状態を示し、＝（イコール）の役割を果たすものと、「eat」（食べる）、「learn」（学ぶ）などの行為を表すものがあります。第1、第3、第4文型は行為を表すグループ、第2文型はイコールを表すグループ、第5文型は行為とイコールの混合型と言えます。

●第1文型

第1文型は主語と動詞だけで完結するパターンです。

①She is crying.（彼女は泣いています）

主語は「She」、行為を表す動詞部分は「is crying」で今現在やっている行為を示しています。

②I understand.（わかります）

主語は「I」、行為を表す動詞部分は「understand」です。実際には、「わかりました」「了解しました」と言うときにも使えます。

③He went to the station.（彼は駅に行きました）

主語は「He」、行為を表す動詞部分は「went」で、いったん文は完成します。そこに補足情報として、「to the station」が加わっています。

④ **My mother talked to me.（私の母は私に話しました）**

主語は「My mother」、行為を表す動詞部分は「talked」でいったん文は完成します。そこに補足情報として「to me」が加わっています。

●第２文型

主語とその主語の身分・状態・定義などを＝（イコール）でつなげます。以下の例文はすべて「主語＝○」という形になっています。○の部分には、定義を表す名詞や状態を表す形容詞のどちらかが入ります。

① **My mother is a nurse.（私の母は看護師です）**

主語は「My mother」（私の母）、イコール部分が「is」、主語の定義を示す箇所が「a nurse」（看護師）となっています。

② **She was a teacher.（彼女は教師でした）**

主語は「She」（私の母）、イコール部分が「was」、主語の定義を示す箇所が「a teacher」（看護師）となっています。過去のことを言っているため、イコールの箇所には「was」が使われています。

③ **They are tired.（彼らは疲れている）**

主語は「They」、イコール部分が「are」、主語の状態を示す箇所は「tired」となっています。

④ They look tired.（彼らは疲れているように見える）

　主語は「They」、イコール部分が「look」、主語の状態を示す箇所は「tired」となっています。総合すると、「彼らは疲れているように見える」という意味になります。

　気をつけていただきたいのは、③では「are」という be 動詞を使っているため断定的な表現になっているのに対して、④は「look」（～のように見える）を使い、間接的な表現になっていることです。本人たちに確認したわけではないため、彼らが疲れているかどうか断定できないときは、「look」のような動詞も使ってみましょう。

●第 3 文型
　主語と主語の行為に加え、その行為の対象についても言及します。行為の対象が目的語です。

① Ichiro reads magazines every day.（一郎は毎日雑誌を読みます）

　主語は「Ichiro」、行為を示す動詞部分は「reads」、目的語は「magazines」、「every day」は情報を補足している部分です。

② They learn Chinese in this class.（彼らはこのクラスで中国語を学んでいます）

　主語は「They」、行為を示す動詞部分は「learn」、目的語は「Chinese」で、「in this class」は情報を補足している部分です。

③They learned Chinese in this class.（彼らはこのクラスで中国語を学びました）

　これは②の応用形で、行為を示す動詞部分が過去形になっています。

④They will learn Chinese in this class.（彼らはこのクラスで中国語を学ぶでしょう）

　これも②の応用形で、行為を示す動詞部分に未来を示す助動詞「will」がついています。

●第4文型

　第3文型にさらにもう1つ目的語を加えたものが第4文型です。「誰に何をどうする」という構造となるため、モノやサービスをだれかに提供するときに使われることが多いです。

①I teach business persons English.（私はビジネスパーソンたちに英語を教えています）

　主語は「I」、行為を表す動詞部分は「teach」、1つ目の目的語は「business persons」、2つ目の目的語は「English」です。

②His boss sent him an e-mail.（彼の上司は彼にeメールを送った）

　主語は「His boss」、行為を表す動詞部分は「sent」、1つ目の目的語は「him」、2つ目の目的語は「an e-mail」です。

③He bought his girlfriend a bracelet.（彼はガールフレンドにブレスレッドを買ってあげた）

　主語は「He」、行為を表す動詞部分は「bought」、1つ目

の目的語は「his girlfriend」、2つ目の目的語は「a bracelet」です。

④ **The gentleman gave me his business card.（その紳士は私に名刺を差し出した）**

主語は「The gentleman」、行為を表す動詞部分は「gave」、1つ目の目的語は「me」、2つ目の目的語は「his business card」です。

● **第5文型**

最後に、イコールと行為が合わさった第5文型を見ていきましょう。この文型は、前半は、主語と行為を表す動詞部分と目的語で構成され、第3文型とまったく同じです。しかし、そのあとが、イコールで示される場合と、行為を表す動詞で示される場合とに分かれます。

① **His comments made me happy.（彼のコメントを聞いて私は幸せな気持ちになった）**

目的語「me」と「happy」はイコールでつながる関係になっています。意味は「彼のコメントが私を幸せにした」となります。

② **His parents made him a doctor.（彼の両親は彼を医者にした）**

目的語「him」と「a doctor」はイコールでつながる関係になっています。

③ **I had a friend of mine fix my car.（私は友人の1人に自分の車を修理してもらった）**

「a friend of mine」と「fix my car」は、「目的語＋行為」という関係になっています。この場合、「a friend of mine」が「my car」を「fix」したということになります。

④ He let her know the fact.（彼は彼女に事実を知らせた）

「her」と「know the fact」は、「目的語＋行為」という関係になっています。この場合、「her」が「the fact」を「know」したということになります。

　以上、語順を定着させるためのツールとしての５文型を見てきました。本書に紹介されている英文も、ぜひ上記の５文型に当てはめてみてください。５文型に当てはめられるということは、いずれ、自分自身でも、５文型に当てはめて話せるようになります。

4 多忙な学習者のための ボキャブラリー戦略

　ロジカルな英語を話すためには、語順が重要だということを確認し、語順を定着させるためのツールとして5文型を見てきました。語順が安定してくると、その語順に当てはめるボキャブラリーを増やしたいという欲求が生まれてきます。ここでは、多忙な読者でも現実的にできそうなボキャブラリー戦略について説明します。

　たとえば、医療器械メーカーに勤務するビジネスパーソンであれば、英語力に関わりなく、「laparoscopic cholecystectomy」（腹腔鏡下胆嚢摘出術）や、「coagulation」（凝固）のような専門用語を日常的に使いこなしています。一方、経理部門で働く人であれば、「depreciation」という単語を見れば、即、原価償却を思い出すことでしょう。これらの単語を中学や高校で習うことはまずないので、一般人からすれば、上級者向けの専門用語ということになるでしょう。

　しかしながら、一般人にはどれほど難解そうに見える英単語も、それを毎日仕事で使っている人にとっては「apple」

や「orange」と同じくらい「初歩的なボキャブラリー」になってしまうのです。つまり、ビジネスパーソンにとってのボキャブラリー力とは、「これだけは覚えなさい」と強制されて意図的な暗記を経由して積み上げられたものよりも、仕事で日々使っている結果として自然に身についたもののほうが多いのです。

　その一方、多くの専門用語を使いこなすビジネスパーソンからは、次のような悩みをいただくことがあります。
「専門用語は、自分の仕事に直結するものばかりなので、自然と覚えられます。しかし、その専門用語をつないでいる make や have といった基本動詞や、in や on といった前置詞などの一般的な英単語を使いこなすことがなかなかできません」

　一見簡単に見える基本ボキャブラリーであるのに実践でなかなか使いこなせないのは、基本的な単語であればあるほど、その意味や用途の幅が広く、「dog＝犬」のようなシンプルな暗記では対応しにくいからだと考えられます。たとえば、「increase」という単語なら、シンプルに「増える・増やす」と覚えてしまえば終わりですが、「go up」の場合、「数値が上がる」以外に、「爆発する」「建物が建つ」「提示される」など、さまざまな意味にも用いられます。

　以上のことから、多忙な学習者のボキャブラリー戦略としては、次の3つが柱になるでしょう。

①専門用語については、仕事で使いながら自然に身につ

けていけばよいので、先回りしてあまり悩む必要はない

②基本単語は、コアとなるイメージをひとつ押さえておき、あとは例文で使用イメージを膨らませていく

③単語を単語だけで覚えても、実際にはほとんど使えない。本書で紹介されている例文を声に出し、例文単位で自分に馴染ませていく。たとえば、「increase＝増える・増やす」という覚え方よりも、「The prices are increasing.」（物価が上昇している）というような例文で、その単語の用途イメージを自分に定着させていく。

5

基本単語のコアイメージの作り方

> 【ステップ1】辞書を引き、一番初めに掲載されている意味をチェックする。
> 【ステップ2】辞書で2番目以降に掲載されている意味が、一番目の意味を拡大解釈されていることを確認する。

 たとえば、「have」を調べてみましょう。一番目に「所有している」とあるので、これがコアイメージとなります。次に、二番目以降の意味がすべて「所有している」の拡大解釈であることを確認していきましょう。「ペットなどを飼う（ペットを所有している）」「感情を抱く（感情を所有している）」「態度を示す（態度を所有している）」「子を産む（子を所有している）」という具合に、ほぼ一番目の意味の拡大解釈と考えることができます。

 以下に主要な基本単語のコアイメージと、その拡大解釈例を紹介します。みなさんも、お手元の英和辞典を使って、

「コアイメージ→拡大解釈」の世界を増やしていきましょう。

「拡大解釈」の中には、こじつけのようなものもありますが、表現を取り込む際の方便と割り切ってしまいましょう。

基本単語	コアイメージ	拡大解釈例
make	作る	計画を立てる（計画を作る make plans）、法律を制定する（法律を作る make laws）、輪になる（輪を作る make a circle）、物音をたてる（make a noise 物音を作る）
give	与える	プレゼントする（プレゼントを与える give a present）、4割る2は2（4割る2は2を与える Four divided by two gives two）、忠告する（忠告を与える give advice）、講義する（講義を与える give a lecture）
take	取る	主導権をもつ（主導権を取る take the initiative）、試験を受ける（試験を取る take an exam）、賄賂を受け取る（賄賂を取る take a bribe）、席に着く（席を取る take a seat）
in	中に	東京のとある町（東京の中にある町 a town in Tokyo）、右手の痛み（右手の中にある痛み the pain in my right hand）、商売をしている（商売の中にある be in business）、青い服を着ている（青色の中にある be dressed in blue）
on	接触	勤務中で（勤務に接して on duty）、販売中（販売に接して on sale)、湖畔の宿（湖に接している宿 an inn on the lake）、主義として（主義に接して on principle）、

第1章 なぜロジカルな英語を話す必要があるのか

6 本書を使う際の5つの前提

　本書は、シンプルな英語を使ってロジカルシンキングを鍛えていくことを目的としています。したがって、英語そのものにかかる負荷は最小限に留めるように工夫しました。以下の5つのポイントを意識しながら本書と取り組みましょう。

1 基本ボキャブラリーを最大活用する

　本書の例文は、なるべく中学・高校で習うような基本的なボキャブラリーや構文を使って作成しました。トピックによっては専門用語も登場しますが、これらは仕事などで使っているうちに自然と覚えるものですから、学習段階で無理に覚えようとする必要はありません。

2 発音はカタカナでOK

　本書の例文は、おそらく一般学習者にとっては、読めば内

容を理解できるレベルに仕上がっているかと思います。したがって、一通り読んでロジックの展開がイメージできたら、ぜひ一度声に出して読んでください。その際、カタカナ発音で問題ありません。実際、英語では、つづりの長い単語であればあるほど、カタカナ読みでも通じる確率が高くなります。たとえば、「presentation」であれば、そのままプレゼンテーション、「description」もディスクリプションでほぼOKです。

　強いて気をつけるべき点があるとすれば、強く発音する箇所を意識するといっそう良いでしょう。発音記号を今から覚える必要はありませんが、少なくとも発音記号の中にある"／"（右上から左下へ下ろした線）の箇所を強く読むようにしてください。以下のカタカナ表記の赤い太文字を強く読むだけで、かなり英語的な発音に近づけられます。

---

presentation（発表）→プレゼン**テイ**ション
description（描写）→ディスク**リ**プション
standard →（標準）ス**タ**ンダード
improvement（改良）→インプ**ルー**ブメント

3　ジョーク・ユーモアはなくてもOK

　面白おかしく話したいような雑談時は別として、まじめな議論や仕事で英語を使う際は、ジョークやユーモアにあまり

神経質になる必要はありません。また、相手が発するジョークが聞き取れないこともありますが、これもやはり、あまり気にする必要はありません。

4 言語だけでなく、ジェスチャーや表情も動員

　本書は、読者のほとんどが日本語話者であることを想定して書かれています。日本語は、顔を動かさずに発することができてしまうため、英語を話す際も、同じように、無表情のままで話してしまう傾向があり、これが「日本人のわかりにくさ」に拍車をかけているようです。よほどシビアな話題を扱っているような場合は別として、笑顔を基本とし、相手の発言がわからない場合には、わからない表情を作りつつ質問を投げかけ、表情や態度にも変化やメリハリをつけるようにしましょう。

5 必要最小限の文法

　本書では話す英語の論理性を最も重視しますので、文法についてあまり高度なものは要求しません。以下のルールだけでも気をつけてみましょう。

①主語＋動詞＋目的語（行為の対象）、主語＋動詞＋補語（主語の定義や状態）の語順を守る

　たとえば「私は腕時計を買いました」という日本語を英語

にする際、日本語の語順のままで「I a watch bought」などとせず、英語の語順を守って「I（主語）bought（動詞）a watch（目的語）.」という英語を発信することを意識しましょう。

②よほどの必要性がない限り受動態を使わない

「Tom bought the watch.」（トムは腕時計を買った）のような通常の語順（誰が・どうする・何を）は能動態と呼ばれています。一方、「The watch was bought by Tom.」のように、本来の目的語を主語に移動させ、本来の主語を末尾に移動させるようなものは受動態と呼ばれています。本来の主語を末尾に移動させるというのは、なんらかの必要性があってのことですから、とくにその必要性がない場合には、能動態でストレートに表現すれば十分です。

③準動詞を押さえておくと便利

たとえば、「任命する」であれば「任命された教師」、「歩く」であれば「歩いている人たち」、「学ぶ」であれば「学ぶための道具」というように、動詞が形容詞的に使われることがあります。そんなとき、準動詞が使えるとかなり便利です。準動詞は用途に合わせて3種類あります。

〈準動詞3タイプ：形容詞編〉

	用途	使用例
To 動詞 （一般名称：To 不定詞）	～するための	英語を学ぶための道具→ a tool to learn English （名詞）
動詞 -ing （一般名称：現在分詞）	～している	そこを歩いている人たち→ people walking there （名詞）
動詞 -ed （一般名称：過去分詞）	～された	リーダーに任命された教師→ a teacher assigned as a leader （名詞）

ちなみに準動詞は、名詞的にも使われます。

〈準動詞2タイプ：名詞編〉

	用途	使用例
To 動詞 （一般名称：To 不定詞）	～すること	→彼は会社を辞めることを決心した。 He decided to quit the company.
動詞 -ing （一般名称：動名詞）	～すること	→彼らはテニスをすることを楽しんでいる。 They enjoy playing tennis.

コラム①

**英語で勝負するステージから
いっそのこと降りてしまおう！**

　日本でいわゆる「英語ができる人」は２つの点において周囲から注目されます。１つは、純粋な驚きや憧れの目線。もう１つは、「お手並み拝見」という意地悪な目線です。

　この２つの目線から解放されたくて、「英語ヘタ宣言」を周囲に披露したビジネスパーソンがいました。プレゼンテーションや電話会議など、英語を話す際にあえてカタカナ発音で話すのです。「あれ？　意外と下手なんですね？」と周囲から言われたのをきっかけに、気持ちがものすごく楽になったそうです。こうして、「あまり英語が上手じゃない人」というレッテルを貼られたあとは、仕事力そのもので勝負する土俵に立てるようになったそうです。

　実はこの戦術、外国人とのやりとりにおいては、もっと威力を発揮します。プレゼンテーションで、カタカナ発音バリバリに話すことで、「このプレゼンターは、あまり英語がわからないかもしれない」という予告を聴衆に与えます。こうやって予防線を張り巡らせておくと、周囲の外国人は、ネイティブ同士の会話のときよりは、少しゆっくりわかりやすく自分に話しかけてくれるようになります。

　とても便利な戦術ですが、この戦術を使う前提として「あくまで仕事力で勝負する」という覚悟と、「平均的日本人より自分は英語ができる」というプライドを思い切って捨てる覚悟が必要かもしれません。

第１章　なぜロジカルな英語を話す必要があるのか

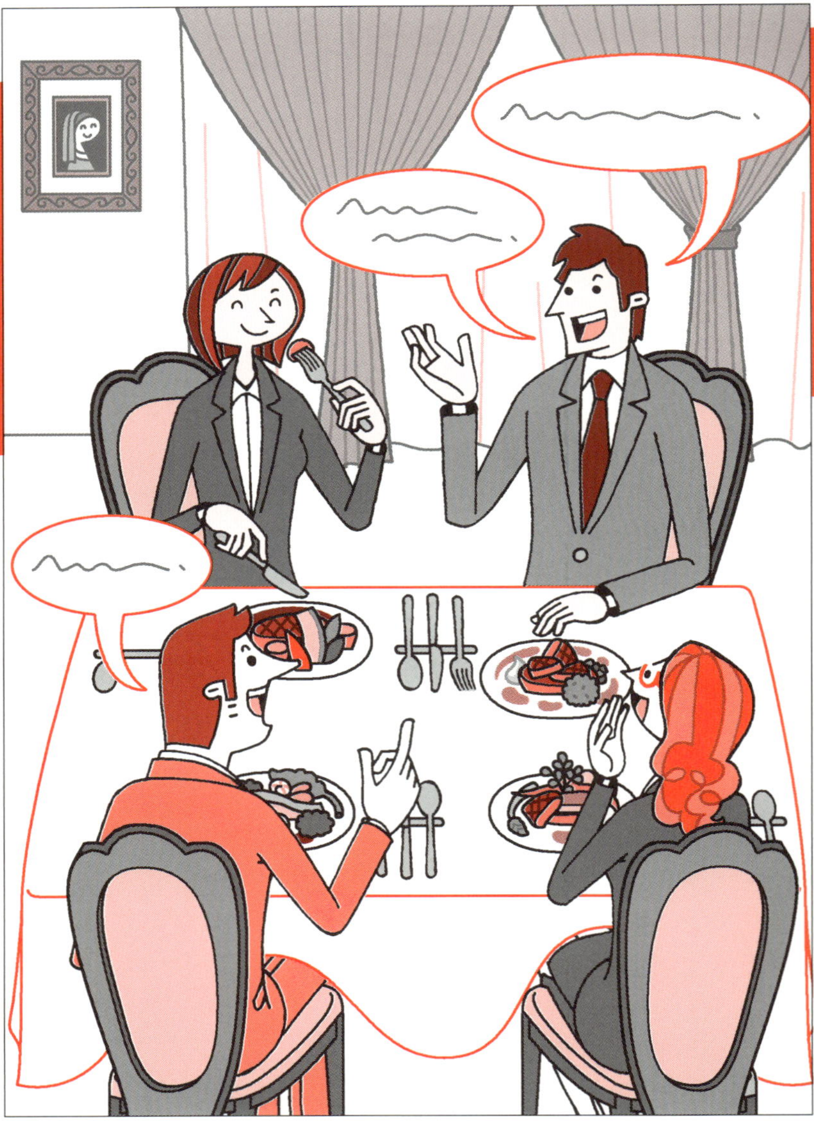

第2章

説得力を磨く ロジック7つの ポイント

　説得力を磨くにはロジカルに話をすることが必要です。話が聞き手に明確に理解され、聞き手が「なるほど」と思うことで説得という作業は成功するからです。

　もちろん、広い意味で「説得する」場合には、相手に褒美を与えたり、逆に脅したり、時には感情に訴えることもあるでしょう。しかし、現在のグローバル化されたビジネスシーンでは、客観的な証拠に基づいてロジカルに議論をすることが、最も一般的で有効な説得手段と言えるでしょう。

　ロジカルな話し方とは、「聞き手が頭の中で絵や図を描ける」ような話し方と言えるでしょう。聞き手の頭の中に絵を描かせるためには、まずは話す側が明確な図式を描き、そこに言葉を乗せていく必要があります。

　本章では、ロジカルに話をするためのポイントを7つの"ロジック"にまとめ、言葉だけではなく、図解を使って視覚的に捉えられるようにしています。

1 ロジック①
つながりがわかるように話す

　論理とは、語句と語句、または文と文の意味上の関係のことです。したがって、それらの間の関係がわからないと、聞き手は「つながりのわからない、非論理的な話だなぁ」と感じてしまいます。つまり、論理的に話すためには、聞き手にそれらの関係がわかるように話すことが大切です。

　たとえば、あなたの友人が次のように発言したとします。

> 「上野動物園にパンダがいるんだって。だから、今度の日曜日は横浜の八景島シーパラダイスに行こうよ」

　多くの人はこの発言を聞いて、非論理的だと感じるはずです。「上野動物園にパンダがいる」ことと「今度の日曜日は横浜の八景島シーパラダイスに行こう」ということの関係が不明だからです。

　しかし、もし友人が実は「パンダアレルギー」(そういうものがあるかどうか不明ですが)で、その上「イルカが大好

き」という情報を付け加えれば、「上野動物園にパンダがいる」という情報と「今度の日曜日は横浜の八景島シーパラダイスに行こう」という情報に関連性が見えてくるでしょう。つまり、関係がわかるように話す、この場合は情報を付け加えることで、聞き手に論理的だと受け止められる発言になるのです。

　このように、論理的に話すためには、先に行った発言と、次に行う発言の関係が明確にわかるように話すことが大切です。

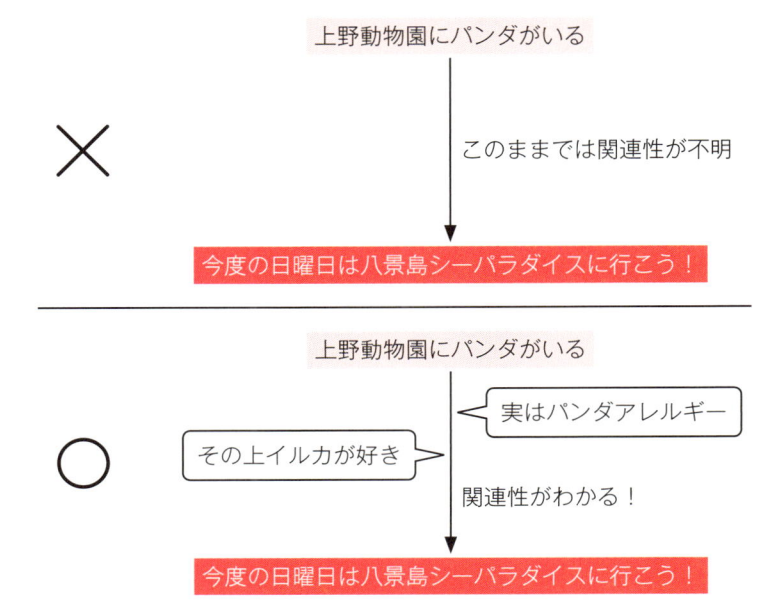

第2章　説得力を磨くロジック7つのポイント

×

上野動物園にパンダがいる

このままでは関連性が不明

↓

今度の日曜日は八景島シーパラダイスに行こう！

○

上野動物園にパンダがいる

実はパンダアレルギー

その上イルカが好き

関連性がわかる！

↓

今度の日曜日は八景島シーパラダイスに行こう！

2 ロジック②
理由をつけて主張する

　話し手は、必ず理由をつけて主張する必要があります。私たちは、ある主張を聞いた際に、なぜその主張が正しいと言えるのか、その理由を考えることで、判断するからです。理由のない主張は言うに及ばず、理由の乏しい主張は、砂上の楼閣と同じで、脆くも崩れ去ってしまいます。つまり、理由は主張を下からしっかり支える土台であり、主張を行う際には、十分な理由をつけて説明する必要があるのです。

①立証責任を果たす

　主張する者は立証しなければならない。これは「立証責任」(burden of proof) と呼ばれる議論の原則です。主張を行う際には、必ずその理由を十分に説明する責任を負うということです。立証責任は、裁判の用語です。たとえば、刑事裁判で、検察がある人物を犯人だと告訴する場合、どうしてその人物が犯人だと言えるのか、十分な理由や証拠で証明する必要があります。そうでなければ、裁判官も、その人物が犯

人だという主張を受け入れる訳にはいきません。

　これは普段の議論でも同じです。何かを主張し、それを聞き手に受け入れてもらうためには、主張者は積極的に自分の主張の理由を説明する責任があるのです。

　したがって、主張を行う際には、必ずその理由を明確に示すようにしましょう。

②主張を先に、理由を後に

　主張は結論であり、言い換えれば、話のゴール、目的地です。理由はそこにたどり着くための道だと考えてください。主張を示さずに理由から話し始めるのは、あたかも目的地を知らせずに車を走らせるようなものです。運転手本人は目的地がわかっているので不安はないですが、目的地を知らされない同乗者は、走っている道がどこに向かっているのか不安で一杯です。そんな状態では、たとえ無事に目的地にたどり着いたとしても、それまでの不安からそこへの道筋を覚えていないということもあるでしょう。

　主張を最初に述べずに、理由から話し始めるのもそれと同じです。聞き手は、話し手が何を言いたいのかわからないまま、話を聞き続けることになります。そして、やっと主張にたどり着いたときに、「ああ、そう言いたかったのか」と初めて理解しますが、そのときには「理由は何だったかな」と忘れてしまっている場合も少なくないでしょう。すべて忘れてしまっていることはないかもしれませんが、主張を述べてから理由を述べるのと、理由を述べてから最後に主張を述べ

るのとでは、聞き手の理解に大きな差が出るのは当然です。
　したがって、相手にわかりやすく話すためには、必ず主張を先に、理由を後に述べるようにしましょう。

　それでは、以下の残念な議論をみてみましょう。

> Ａ：日本もTPPに参加しないとダメだね。
> Ｂ：一体どうしてそう思うんだい？
> Ａ：そんなの当然じゃないか。じゃあ、君は、どうして日本がTPPに参加しなくても良いと思うんだい？

　まずＡさんは「日本はTPPに参加するべきだ」と主張していますが、その理由が述べられていません。そこで、Ｂさんは「一体どうしてそう思うんだい？」とＡさんの主張の理由を尋ねている訳です。それに対して、Ａさんは「そんなの当然じゃないか」と理由を明確に示していません。立証責任を果たしていないことになります。その上、「君は、どうして日本がTPPに参加しなくても良いと思うのかい？」と続けることで、Ｂさんに反論の立証責任を押しつけているのです。これは立証責任の転嫁と言えます。
　つまり、Ａさんの話は、①立証責任を果たしていない、②立証責任を転嫁している、という２つの点で残念な議論と言わざるを得ないのです。

主張

理由

しっかりした理由で支えられないと主張は不安定

主張

理由

土台がしっかりしていれば主張も盤石

第2章 説得力を磨くロジック7つのポイント

3

ロジック③
根拠を吟味する

> 理由＝根拠（data）＋論拠（warrant）

　イギリスの分析哲学者スティーヴン・トゥールミン（Stephen Edelston Toulmin）の議論モデルでは、主張（Claim）を支える理由は、①根拠（Data）と②論拠（Warrant）に分けられます。

　実は、DataとWarrantという言葉には、日本語の定訳がないのですが、本書ではとりあえず、それぞれ「根拠」と「論拠」という言葉を当てることにします。

　①の根拠というのは、数値や事実などのことです。一方、②の論拠というのは、根拠と主張をつなぐもので、前提や仮定などのことです。私たちは、①根拠に基づき②論拠を使って、主張を行うのです。

　したがって、たとえ論拠が正しくても、もともとの根拠が曖昧だったり正確さに欠ければ、主張の確からしさは大きく損なわれます。主張の確からしさを考える際には、根拠を明

やさしい
おもしろい
ためになる

総合法令出版
http://www.horei.com/

総合法令出版は

- やさしくて
- おもしろくて
- ためになる

❗ 本の企画大募集!

単行本の企画を広く募集しております。ジャンルは問いません!「**自分の著作を世に出したい**」と思っている方、本にしたいテーマや企画をお持ちの方、その他書籍出版にご興味のある方は下記ホームページよりどうぞお気軽にお問い合わせください。

✉ メールマガジン会員募集!

総合法令出版では、書籍にまつわる楽しい情報満載のメールマガジンを発行しております。

会員募集中!!
弊社のホームページにてお申し込み下さい。

特典満載!

詳しくはホームページにて
http://horei.com/
(パソコンのみ)

| 総合法令出版 | 検索 |

小社刊行書籍は、全国の書店でお求めになれます。お近くの書店に在庫がない場合は、店頭にてご注文下さい。

確にすることが重要なのです。

たとえば、会議で、ある社員が次のような発言をしたとします。

> 「この製品の機能には、お客様の多くが満足しています。市場でのシェアも大きく拡大しています。この製品は我が社の売り上げに大きく貢献すると考えられますので、ぜひ来期も、この製品を我が社の主力商品として売り込んでいきましょう」

この発言をトゥールミンの議論モデルに従って分析してみると、次のようになります。

> 主張：来期も、この製品を我が社の主力商品として売り込むべきである。
> ↑
> 論拠：顧客の満足度が高く、市場シェアも拡大している商品は、売り上げに大きく貢献すると考えられる
> ↑
> 根拠：①この製品の機能には、客の多くが満足している。②この製品の市場でのシェアも大きく拡大している。

さて、この根拠の確からしさはどうでしょうか。これらの根拠が曖昧だったり、正確でなかったりすれば、たとえ論拠

を踏まえた上でも、「来期も、この製品を我が社の主力商品として売り込むべきである」とは必ずしも言えないことになります。

　ちょっと考えてみますと、これら2つの根拠には、疑問がいくつも浮かんできます。

- 客はその製品のどの機能に満足しているのか？
- 満足しているとはどういう意味なのか？
- 多くの客とは、一体何人の客のことをいうのか？
- アンケート調査でもした結果なのか？
- シェアが大きく拡大しているとは、具体的に何％の拡大なのか？

　この社員の発言は、こういった点で具体性に乏しいため、本当にこれらの根拠が正しいのか、かなり疑問が残ります。このような曖昧な根拠から、来期の販売戦略を判断するのは非常にリスクが大きいでしょう。

　したがって、より説得力のある論理を展開するためには、話し手は、「多い」「少ない」「大きい」「小さい」「満足」「不満足」「好き」「嫌い」といった曖昧な言葉の代わりに、できるだけ具体的な数値や定義を提示し、聞き手に示す必要があるのです。

理由＝根拠（Data）＋論拠（Warrant）

根拠：数値、事実
論拠：根拠と主張をつなぐもの、前提、仮定

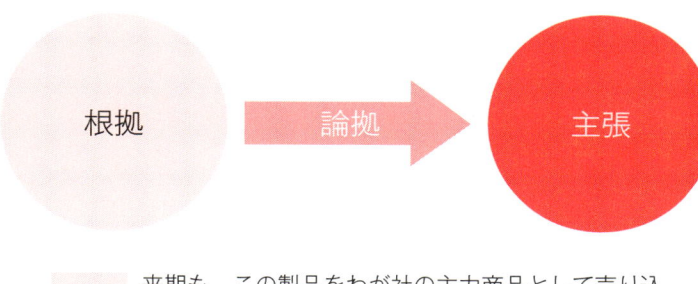

根拠 → 論拠 → 主張

主張 来期も、この製品をわが社の主力商品として売り込むべきである

論拠 顧客の満足度が高く、市場シェアも拡大している商品は売上に大きく貢献すると考えられる

根拠 ①この製品の機能には、客の多くが満足している
②この製品の市場でのシェアも大きく拡大している

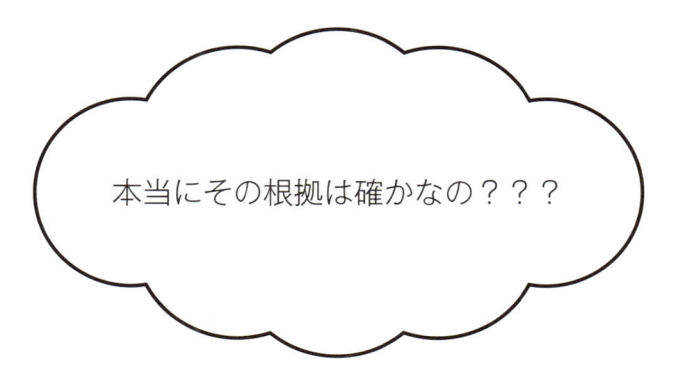

本当にその根拠は確かなの？？？

4 ロジック④ 論拠を把握する

　次に重要なのが論拠の把握です。日常の議論で厄介なのが、論拠は話し手にとっては当たり前に思えるので、わざわざ言葉で語られないことが多いことです。

　たとえば、夕食を何にするか話している際、相手に「昨日はとんかつだったから、今日はそうめんにしようよ」と言われたとします。

「昨日はとんかつを食べた→今日はそうめんを食べよう」ということで、「昨日とんかつを食べた」という事実が、「今日そうめんを食べよう」という主張の根拠となっています。

　しかし、昨日とんかつを食べたことが、即、今日そうめんを食べることの理由にはなりません。別に今日もとんかつにしてよいし、天ぷらだってうなぎだっていいわけです。しかし、話し手にとっては、「昨日とんかつを食べた」ことと「今日そうめんを食べる」ことのつながりは明らかなのです。これは、話し手にとって当然のこととして語られぬ論拠があるからです。

この場合の「語られぬ論拠」とは何か？　聞き手は考えます。

> ・昨日はとんかつだったから、今日もとんかつだと飽きてしまう
> ・昨日はとんかつを食べてカロリーを摂りすぎたから、ダイエットのため今日はカロリー控えめのそうめんにしよう
> ・昨日は高級なとんかつを食べて散在してしまったので、今日は安くそうめんにしよう
> ・昨日はとんかつを食べて油が胃にもたれているので、今日はさっぱりとしたそうめんにしよう

などなど、主張と根拠を結ぶ論拠は様々考えられます。

　このように話し手にとっては当たり前の論拠も、聞き手にとっては自明ではない場合も多いのです。したがって、あなたが話し手であれば、当然だと思っている論拠もきちんと明らかにして話すようにしましょう。あなたが聞き手であれば、不明な論拠は質問などして確認するようにしましょう。

昨日はとんかつだった
（根拠）

▶

今日はそうめんにしよう
（主張）

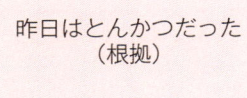

？

根拠と主張をつなぐ論拠は？

・飽きるから？
・ダイエット？
・財政的事情？
・胃もたれ？

5 ロジック⑤ つなぎの言葉を意識して使用する

1 つなぎの言葉の大切さ

　論理とはものとのものとの意味上の関係であると説明しました。そして、それらの関係は、「つなぎの言葉」で明確に示されます。

　ここで言う「つなぎの言葉」とは、「したがって」「しかしながら」「なぜならば」「たとえば」などの接続詞や副詞のことです。つなぎの言葉は、話し手の論理の展開の道しるべです。聞き手は、つなぎの言葉を追うことで、話し手の論理について行くことができるのです。

　日本語の会話では、こういったつなぎの言葉が、英語などに比べると使用されない傾向にあります。また、使われている場合でも、曖昧だったり、論理的に正しくないことがよくあります。たとえば、次の文をみてみましょう。

「彼の車は黒いけれど、私の車は白い。」

　この文を英語にするとどうなるでしょうか。

「His car is black, but mine is white.」

とする方が多いのではないでしょうか。これは学校英語的には満点の解答かもしれません。
　しかし、よく考えてみると、「彼の車が黒いこと」と「私の車が白いこと」は何ら逆の関係（逆接）にありません。彼の車が黒くても、別に私の車が白くてはいけないことにはならないのです。しかし、つい日本語の「けれど」というつなぎの言葉を見て、接続詞として「but」を使ってしまいがちになります。文脈にもよりますが、論理の流れを考えると、上記の文は、以下のように訳す方が自然ではないでしょうか。

「His car is black, and mine is white.」
（彼の車は黒く、私のは白い）

あるいは

「His car is black, while mine is white.」
（彼の車は黒い一方、私のは白い）

　このように論理的に話すためには、日本語では省略された

△ 彼の車は黒いが、私の車は白い
His car is black but mine is white.

> 彼の車が黒いことと私の車が白いことは逆説の関係ではない！

○ His car is black and mine is white.
His car is black while mine is white.

論理的な関係を的確に示す
つなぎの言葉を使うことが大切

第2章 説得力を磨くロジック7つのポイント

り、曖昧に使われたりしがちな「つなぎの言葉」を意識的に、そして適切に使用することが重要です。

2 つなぎの言葉の例

①付け加える：
そして（and）
さらに（moreover）
その上（besides）
加えて（additionally）
など

②前と逆のことを示す：
しかし（but）
けれども（however）
逆に（on the contrary）
むしろ（rather）
など

③理由を示す：
なぜならば〜（because 〜）
その理由は〜（the reason is 〜）
どうしてかというと〜（That's because 〜）
など

④結論を示す：

　したがって（therefore）

　だから（so）

　結局（in conclusion）

　結果として（as a result）

など

⑤例を出す：

　たとえば（for instance）

　例として（as an example）

　たとえば〜など（such as 〜）

など

⑥順序を示す：

　はじめに（firstly）

　最初に（in the beginning）

　1番目に（first of all）

　次に（next）

　2番目に（secondly）

　最後に（in the end）

　終わりに（lastly）

など

⑦並列する：

　1つ目は〜（The first one is 〜）

1 点目は〜（The first point is 〜）
　2 つ目は〜（The second one is 〜）
　2 点目は〜（The second point is 〜）
　もう 1 つの理由は〜（Another reason is 〜）
など

6 ロジック⑥ 帰納的推論を理解する

　帰納的推論（induction）とは、個々の事例から何らかの結論（多くは一般的な結論）を導く論理の展開です。

> 「水瓶座の人は理知的で孤独を好むわよね。私の周りの水瓶座の人はみんなそう」
> 「関西人はノリがいいよね。だって、テレビに出てくるほとんどの関西の漫才師がそうだもの」

　このような発言をよく耳にしませんか。
　これらの議論は典型的な帰納的推論です。
　最初の例では、私の周りの水瓶座の人のすべてが、理知的で孤独を好む人だから、一般的に水瓶座の人は理知的で孤独を好むと結論づけているわけです。
　２つ目の例も同様です。テレビに出てくる関西の漫才師の多くがノリが良いことを理由に、関西人は一般的にノリが良いと結論づけています。

しかし、私の周りの水瓶座の人って、何人いるのでしょうか。テレビに出てくる関西の漫才師って、一体何人ぐらい見たことがあるのでしょうか。

いくつ個々の事例を集めても、それだけで、必ずすべてがそうだとは言い切れません。

たとえば、「すべてのカラスは黒い」という主張を証明するためには、何羽のカラスが黒いことを示せばよいでしょうか。1,000羽、1万羽、それとも1億羽？ いえいえ、それでも不十分です。白いカラスが1羽でも見つかれば、この主張は間違っていることになってしまいます。

したがって、すべてのカラスが黒いことを証明するためには、地球上のすべてのカラスを集めて、それらが黒いと示さなければならないのです。このように、帰納的推論では、主張を完全に証明することはほぼ不可能です。ただし、黒いカラスの数が多ければ多いほど、「すべてのカラスは黒い」という主張の確からしさは高くなります。このように帰納的推論は、あくまでも可能性の推論なのです。

したがって、帰納的推論を行うときに大切なのは、事例の妥当さとサンプル数の多さということになります。集めた事例が、たとえ黒くても鳩であったり、黒くても石油にまみれたカラスでは妥当な例とは言えません。また、10羽やそこらの黒いカラスを集めてきても、すべてのカラスが黒いことを証明するには不十分でしょう。

帰納的推論を使用する際には、事例は妥当なものか、事例の数は十分か、考えてみる必要があります。

帰納的推論：個々の事例から結論を導き出す論理の展開

例A　例B　例C　例D　例E
→ 結論

いくら事例を集めても100％確実な結論は導き出せない！

・事例は典型的なものか？
・事例の数は十分か？
　　など吟味することが大切

第2章　説得力を磨くロジック7つのポイント

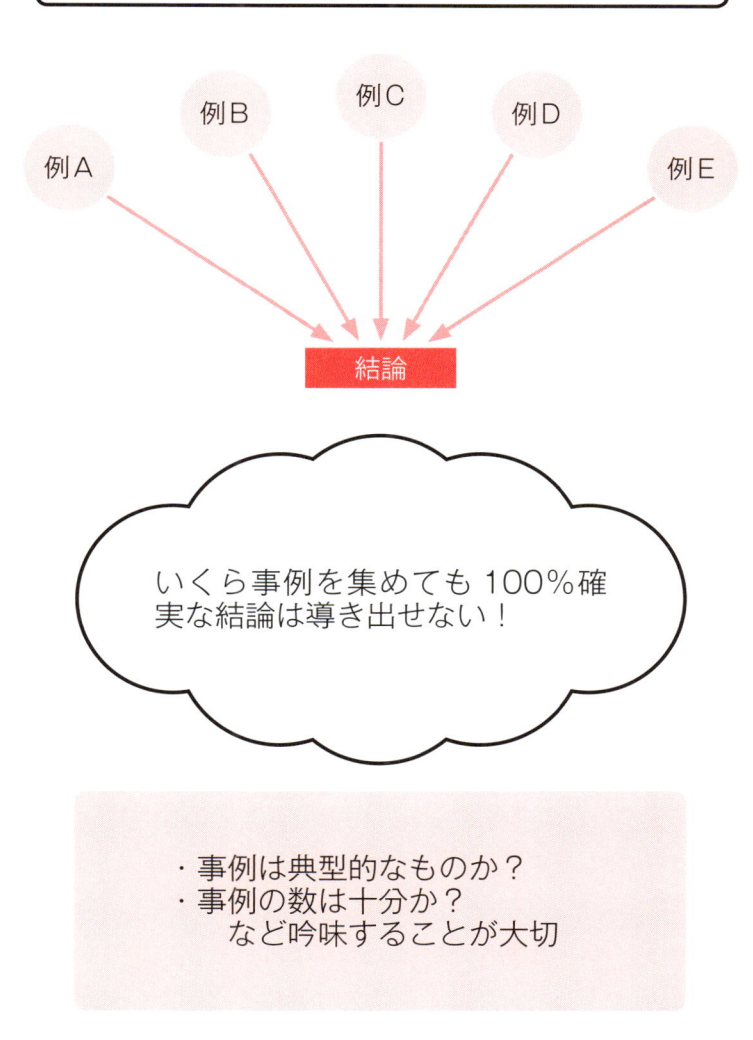

7
ロジック⑦
アナロジーを用いる

「アナロジー」（Analogy）とは、日本語では「類推」あるいは「比喩」などと訳され、ある事柄をその類似性に基づいて別な事柄の説明に用いることです。

基本的に、未知のものや説明の難しいものを、既知のものや身近なもの、より単純・簡単なもので説明しようとするものです。たとえば、「それは〜のようなものだ」（It is like 〜 .）とか、「これは〜に似ている」（It is similar to 〜 .）とかいう説明の方法です。

「あいつも惚れやすいよなぁ。まるで鉄のように熱しやすく冷めやすいよ」

「人生は一箱のマッチに似ている。重大に扱うのはばかばかしい。重大に扱わねば危険である」（芥川龍之介）

「結婚とはセルフサービスの食事のようなものだ。自分の欲しい料理を選んだ後で、隣りの人たちのお皿の中身を見る。そして、どうして自分は彼らと同じ物を選ばな

> かったのだろうと自問するのである」(J. ドラークル)

などというように、アナロジーはものごとの説明にしばしば使用されます。

また、アナロジーは、議論をする際にも効果的です。たとえば、次のようにです。

> 「首都を東京から移転させるべきだ。なぜならば、首都移転に伴って、各省庁の無駄な職務をなくすことができるからだ。たとえば、引っ越しをするときには、すべてを新居に持って行こうとはしないで、不必要なものを捨てていくだろう。それと同じことだ」

これは、引っ越しの例を使って、首都移転で期待される省庁の無駄の削減効果を説明しようとするものです。

このように上手く使えば聞き手を「なるほど」と唸らせることのできるアナロジーですが、その有効性は両者の類似性から判断されます。

説明される側と説明に使う側の、両者に共通点があるからこそ、アナロジーが上手く機能するわけです。つまり、どこが似ていて、どこが似ていないのか、両者の類似度を把握し、判断の理由とする必要があるのです。

話し手は、できるかぎり類似性が高くわかりやすいアナロジーを使用することで、説得性を高められます。聞き手は、アナロジーが使われたとき、本当にその例は、主張の説明に

なり得るのか、十分考えてみる必要があります。

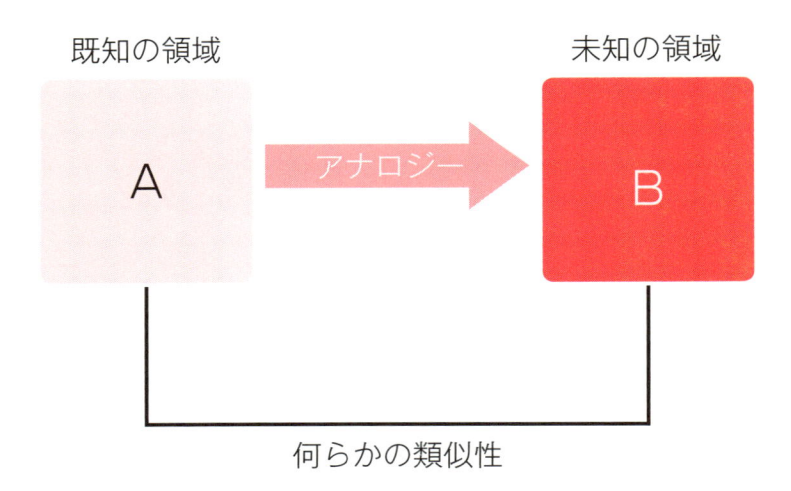

既知の領域　　　　　　　未知の領域

A　──アナロジー──▶　B

何らかの類似性

コラム②

1人でできるロジカルシンキング向上法
（その1）

　筆者はロジカルシンキングの研修でディベートなども教えていますが、その際に、受講生から次のような質問をしばしば受けることがあります。

「ディベートでロジカルシンキングが身につくのはよくわかりましたが、ディベートを行うには相手が必要です。しかし、実際には、忙しい中相手を見つけてディベートをするのは難しいです。1人でもできる方法はないですか」

　そのような質問には、以下の1人でもできるロジカルシンキングスキルの磨き方を紹介しています。

　まず、新聞や雑誌、インターネットなどから何らかの主張のある文章を見つけてきます。これは、新聞や雑誌でしたら、社説や論説、インターネットでしたら、何らかの提案などを行っている文章となります。

　こういったまとまりのある文章を見つけてきたら、まずはそれを一読します。そして、それを、下線でも引きながら、主張と理由に分けます。こうすることで、文章を分析します。一見簡単なようですが、やってみるとそれほどやさしくはありません。実際、主張が何だかはっきりしなかったり、どれが主張で、どれが理由なのかわからなかったりする文章が少なくないのです。

（95ページ【コラム③】へ続く）

第2章　説得力を磨くロジック7つのポイント

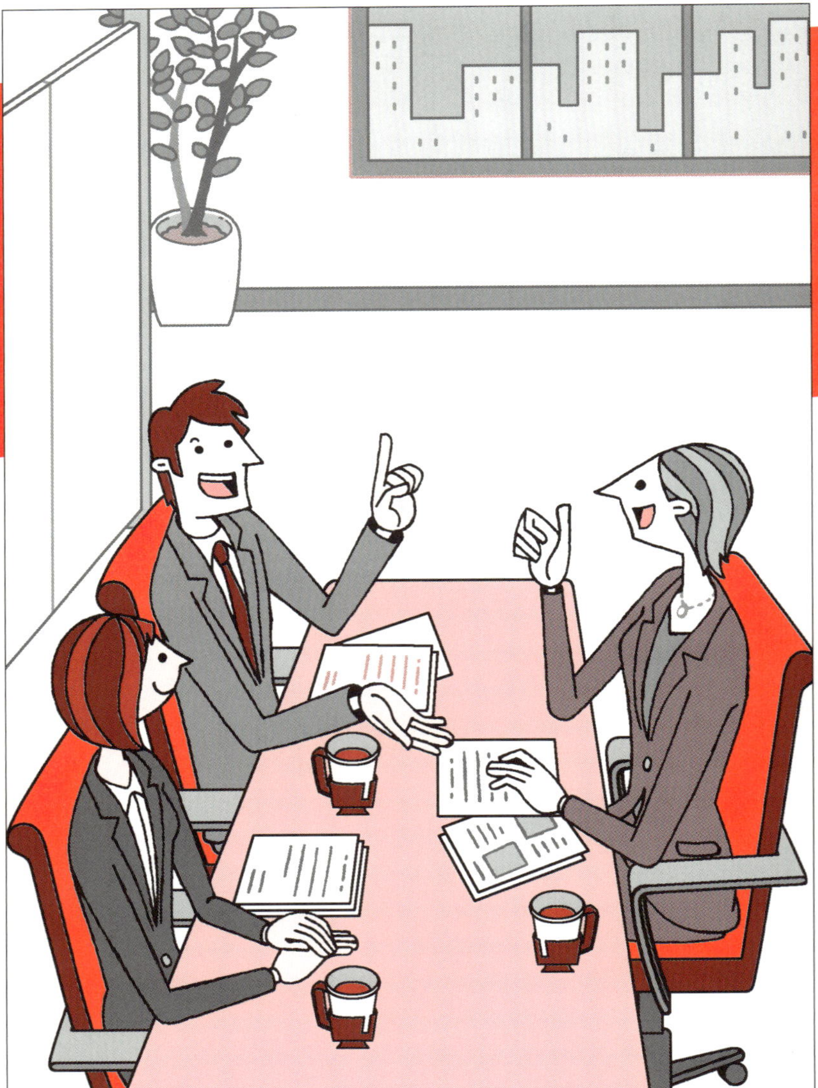

第3章

ビジネスシーンでロジックを使ってみよう

　第2章で学んだ7つのロジックをビジネス場面でどのように活用できるのか見ていきましょう。

　悪い会話例の特徴は2つあります。1つはロジックが破綻しているため、独りよがりな話し方で、相手に思いが届きにくくなっていること。もう1つは、ロジックに頼りすぎて、相手を理詰めて追い詰めてしまうような話し方です。

　つまり、ロジックがなさすぎるのも、ロジック万能に走りすぎるのも、人間同士のコミュニケーションでは支障が出てしまうということです。

　ここでは1つのケースについて、それぞれNG例と改善例を挙げて説明します。改善例は、明確なロジックに裏づけられ、聞き手にとってわかりやすい話し方である一方、相手側にとっても、気持ちよく発話しやすい流れができています。

1 つながりがわかるように話す（実践編）

　前の章で確認したように、論理的な話とは、前後がきちんと意味的につながっている話のことをいいます。

　たとえば、あなたの会社を、ある提案を持った人物が訪ねてきたとします。その提案を聞いて、あなたが、次のように発言したとします。

【NG例】
「I think your proposal seems very interesting. But, I don't think we can accept it now.」
（あなたの提案は非常に興味深いと思うのですが、今はお受けするわけには参りません）

　しかし、この例では、1文目の「提案が非常に興味深い」という内容と2文目の「提案を受け入れられない」という内容の関係がわかりません。2つの文が論理的につながっていないからです。どうして興味深い提案であるのに、受け入れ

ることができないのか、説明がまったくありません。これでは、相手は納得できないでしょう。

　したがって、この場合、2つの文をつなぐ情報を加える必要があります。たとえば、次のようにしてみてはどうでしょうか。

【改善例】
「I think your proposal seems very interesting. But, I don't think we can accept it now because it costs too much.」
（あなたの提案は非常に興味深いと思うのですが、多額の費用がかかりますので、今はお受けするわけには参りません）

　このようにすると、相手も「問題はコストなのだ」とはっきりわかるはずです。そうすれば、コストの面でどう折り合いをつけるか、次のステップに進んで交渉を進めることができます。

　このように、相手の理解を妨げることなく、1文1文、意味のつながりに注意しながら話すことで、より建設的な議論が期待できるでしょう。

◆例文1◆
「Reading several newspapers in the morning gives you good ideas for your business because it expands your

> knowledge by looking at things from different perspectives and updates it.」
>
> （朝、数種類の新聞を読むことで、ビジネスに良いアイデアを得ることができる。なぜなら、そうすることで、異なった視点から物事を見て知識を広げ、最新のものにすることができるからだ）

「朝、数種類の新聞を読むことで、ビジネスに良いアイデアを得ることができる」という主張が、「なぜなら異なった視点から物事を見て知識を広げ、最新のものにすることができるから」ときちんと支えられています。

> ◆例文2◆
> 「Political situation in the Middle East seems it will stay unstable in the near future. Therefore, we have to be ready for the expected oil price hike.」
>
> （中東での政局は近い将来不安定なままのようだ。したがって、我々は、予想される原油価格の上昇に備えなければならない）

「中東での政局は近い将来不安定なまま」という予測を元に、「予想される原油価格の上昇に備えなければならない」という結論が述べられています。「予測→結論」というつながりが明快です。

> ◆例文3◆
> 「The present deflation will soon come to an end because of the inflation targeting policy of the government.」
> （政府のインフレターゲット政策のおかげで、現在のデフレは収束するだろう）

「because of」で導かれる「政府のインフレターゲット政策」という事実を元に、「デフレが収束する」という主張を展開しています。「主張←理由」というつながりになっています。

2 理由をつけて主張する（実践編）

2人の社員が、昼食をとりながら話をしています。

A「I think our company should increase investments much more in Southeast Asian nations.」
（我が社は東南アジアへの投資をもっと増額すべきだと思うな）

B「Why do you think so?」
（どうしてそう思うのさ？）

A「Our boss said we should do so.」
（社長がそう言ってるよ）

B「Then, why did he say so?」
（どうして社長はそう言ってるのさ？）

A「Of course, it's because it's very important for our company to increase investments much more in that region.」
（そんなのもちろん、その地域への投資を増やすこと

> が、我が社にとってとても重要だからだよ)

　主張には、きちんと理由をつけることが重要です。そうでなくては、聞き手が「その主張が正しいのかどうか」判断することができないからです。また、理由をつけて主張する責任（立証責任）は、主張を行う側にありますから、理由のない主張は受け入れられなくても文句が言えません。

　上記の会話例では、東南アジアへの増資に関して、議論が行われています。Ａさんの主張「我が社は東南アジアへの投資をもっと増額するべきである」ことには理由がありませんので、Ｂさんはそれを問いただしています。それに対するＡさんの答えは、一見、理由を挙げているようですが、よく考えてみると、主張を支持するきちんとした理由にはなっていません。単に「社長も同じ考えだ」という事実を指摘しているだけだからです。

　そして、Ｂさんの、「どうして社長はそう思っているのか」という追及に対して、Ａさんは「東南アジアへの投資を増やすことがとても重要だからだ」と理由を説明するように見せて、単にもともとの主張を繰り返してしまっています。結局、東南アジアへの投資を増額すべき理由は、何ひとつ提示されずに会話が終わってしまっています。非常に残念な議論ですね。

　それでは、Ａさんは、Ｂさんの質問に対して、どのように答えればよかったのでしょうか。

　Ａさんが、きちんと理由を持って主張を行っていたのであ

第3章　ビジネスシーンでロジックを使ってみよう

れば、たとえば、次のように市場の拡大を理由に主張を強めることができたでしょう。

> 【改善例】
> 「We can expect the expansion of the market in that region by further increasing investments and our boss believes so, too.」
> （さらなる増資をすることで、その地域で市場の拡大が見込め、それは社長の意見でもあるのだ）

　主張には必ず理由をつける。そして、その責任は、主張を行う者、つまり話し手にあるのだという認識を強く持つことで、聞き手の理解を促す主張を行うことができるでしょう。

> ◆例文1◆
> 「The export industries in Japan have been experiencing hardships because of the strong yen.」
> （日本の輸出産業は、円高のせいで非常に苦しい状況にある）

「日本の輸出産業が苦しい状況にある」ことの原因を「円高」だと指摘しています。主張がきちんと理由で支えられています。また「主張を先に理由を後に」という原則にも則っています。「because of 名詞」は理由を表す句を作ります。

◆例文2◆
「The problem in the manufacturing industry is the transfer of skills to the younger generation because the baby boomers will retire all at once.」
（製造業の抱える問題は若い世代への技術の引き継ぎである。なぜなら団塊の世代が一度に定年を迎えるからだ）

「because」以下の節が「若い世代への技術の引き継ぎ」という製造業の抱える問題の理由として示されています。「because」の後には、主語と動詞のある「節」をつなげます。

◆例文3◆
「Hojo corporation is the leading company in nano-tech. That's why it has been making big profits during this economic slump.」
（ホージョーコーポレーションはナノテクのリーディングカンパニーだ。そのため、この不景気でも大きな収益を上げ続けているのだ）

「That's why 〜」（それが〜の理由だ）は、前の文を理由として主張を述べるときに用いられます。「理由→主張」という論理の展開が見えます。

3

根拠を吟味する
（実践編）

　これまで確認したように、主張にはそれを支持する理由が必要です。そして、理由は、具体的な事実、データなどの根拠と、根拠と主張をつなぐ論拠で構成されています。主張をより強力なものにするためには、曖昧な根拠ではなく、より具体的な根拠で主張をサポートすることが必要です。

>【NG 例】
>「We should develop a new model of this product next season because many customers say it is inconvenient and very expensive.」
>（我が社は、次期シーズンに向けて、この製品のニューモデルを開発すべきだと考えます。現行製品に関しましては、多くのお客様が使いづらく、値段も非常に高いとおっしゃっております）

　上記の例では、「多くの顧客が使いづらい」「値段が高い」

と言っていることが新製品を開発することの根拠として使われています。しかし、どの調査のことを言っているのか、多くの顧客とはどれくらいの人数なのか、値段が高いとはいくらのことを言うのかなど、曖昧で、不明な点が多くなっています。

　これですと、聞いている側も、漠然としたイメージしか持てずに、主張を受け入れるかどうかの判断が難しいでしょう。以下の改善例のように、より具体的な情報や数値を使って説明すると、聞き手の受け入れやすい主張となるでしょう。

【改善例】
「We should develop a new model of this product in the next season. According to the questionnaire to 20,000 customers living in 37 prefectures conducted by the sales department, 87 % of them answered that the control of humidity is difficult to adjust and even if they can, it takes a while for humidity to reach that comfortable level. Moreover, 73 % of them say they will buy a new one if the price is lowered to ¥70,000 yen. So, if we can improve the product and decrease the price, it should sell very well and generate much profit to our company.」

（我が社は、次期シーズンに向けて、この製品のニューモデルを開発すべきだと考えます。営業部の行った37都道府県にお住まいの2万人のお客様へのアンケートで

> は、87%の方が湿度のコントロールがしづらく、行えても、快適なレベルになるまで時間がかかりすぎるとお答えになっております。さらに、73%の方が7万円まで価格が下がれば、新機種を購入すると答えております。したがいまして、この製品を改良し、価格を下げることができれば、非常によく売れ、我が社に大きな利益をもたらすと考えられます)

いかがでしょうか。より具体的な根拠を示すことで、元の主張に比べ、聞き手もより判断のしやすい内容となっていると思います。

相手の受け入れやすい主張を行うには、より具体的な説明を心がけ、多い(many)、少ない(a few)、大きい(large)、小さい(small)、価格が高い(expensive)、安い(not expensive)などの曖昧な言葉をできるだけなくし、それらを具体的な数値で置き換えることが重要です。

> ◆例文1◆
> 「How about introducing TOEIC classes to our staff members? The average score of TOEIC among our staffs is about 500 and I don't think that is enough because our company is expanding business with foreign partners.」
> (社員向けのTOEIC対策クラスを導入してはいかがでしょうか。社員のTOEICの平均スコアは約500点で、

> 我が社が、海外のパートナーとのビジネスを拡大していることを考えれば、そのスコアでは不十分だと考えるからです）

「How about ～?」（～はどうでしょうか）は、相手の意向を尋ねたり、提案を行ったりする表現です。この提案の理由として、「海外のパートナーとのビジネスに支障がある」ことを挙げ、その具体的な根拠として「社員のTOEICの平均スコアが約500点であること」を挙げています。社員の英語力が不十分であることを具体的な数値を挙げて説明しているわけです。

> ◆例文2◆
> 「The business strategy of our company was right. It is proven by the fact that the market share of our company expanded from 25% in 2005 to 47% in 2012.」
> （我が社のビジネス戦略は正しかった。それは、我が社の市場シェアが、2005年の25%から2012年には47%にまで拡大した事実によって証明されている）

会社がこれまでとってきたビジネス戦略の正しさを根拠として、市場シェアの具体的数値を示すことで証明しています。

> ◆例文3◆
> 「I think Japan should accept foreign unskilled workers

> in the future. According to the research conducted by Ministry of Health, Labour and Welfare in 2002, the Japanese labor force will decrease by 4.75 million from 2005 to 2025.」
> （日本は、将来、外国人単純労働者を受け入れるべきだ。2002年に厚生労働省によって行われた調査によれば、日本の労働力は2005年から2025年の間に475万人減少するからだ）

「将来の労働力人口の減少」を理由として、「外国人単純労働者の受け入れ」を提案しています。根拠として、厚生労働省の調査を挙げています。このように、どの団体が、いつ行った調査なのかを述べた上で、具体的な数字を提示することで効果的に説得が行えています。

4 論拠を把握する（実践編）

> 【NG例】
> 「Our cars should sell better than those of Company C's. Ours have more sophisticated and stylish design than theirs.」
> （我が社の車はC社のものよりもよく売れるはずだ。うちの車はC社のものよりも洗練されたスタイリッシュなデザインだからだ）

　この例では、「Our cars should sell better than those of Company C's.」が主張で、そのサポートとして、「Ours have more sophisticated and stylish design than theirs」という理由が挙げられています。そして、この理由は、車のデザインという事実を挙げているわけですから、根拠と言えます。
　果たして、この主張と根拠をつなぐ論拠はなんでしょうか。
　この発言では、明示的に論拠が述べられていません。した

がって、私たちは、この発言者の論拠を推測するしかありません。

自分の社の車がC社のものよりも売れる理由として、そのデザインの良さを挙げているのですから、この発言者の「述べられていない論拠」は、「消費者は、主として、デザインを理由に車を購入する」ということになるでしょう。

しかし、本当に洗練され、スタイリッシュなデザインだけが、車の売れ行きを左右する大きな要因になるのでしょうか。

車ですから、たとえば、その性能、価格、乗り心地、燃費など、デザイン同様、あるいはそれ以上に購入の決め手となるポイントがあるのではないでしょうか。

聞き手は、そんな疑問を持ちながら、「なぜこの人はデザインだけを理由に、こんなに自信を持って、車の売れ行きがよいと結論づけられるのだろうか」と考えることでしょう。

ある根拠から主張を導くには、必要に応じて、適切な論拠を示す必要があります。

たとえば、この場合には、以下のようにしてみてはいかがでしょうか。

【改善例】
「Our cars should sell better than those of Company C's. Ours have more sophisticated and stylish design than theirs. And the research on the reasons of car purchase by Taiyo Research Institute shows that drivers put priority on design when they buy automobiles.」

（我が社の車はC社のものよりもよく売れるはずだ。うちの車はC社のものよりも洗練されたスタイリッシュなデザインだからだ。タイヨー調査研究所による自動車購入理由調査は、ドライバーが自動車購入の際にデザインを優先させることを明らかにしている）

上記のように、なぜデザインが自動車購入の決め手となるのかを証明する論拠を示すことで、聞き手を納得させることができるでしょう。

たとえ自分にとっては当然だと考える論拠でも、一歩下がって客観的な観点から眺め、論拠を端折ることなく、丁寧に説明するように心がけてみましょう。

◆例文1◆
「I want to propose a plan that our company should make another headquarter in Kyushu district. Tokyo is said to be hit by another great earthquake in the near future and it will give tremendous damage to our company because our headquarter is located in Tokyo.」
（我が社は、九州地区に第二本部を設置すべきだと提案したいと思います。東京は近い将来、再び大震災に見舞われると言われております。そうなれば東京に本部を置く我が社は深刻な被害を被ることになります）

「九州地区に第二本部を設置する」という提案を、「東京に

近い将来大震災が発生する」という根拠と「大震災の発生で会社が深刻な被害を被るだろう」という論拠をつけて説明しています。わかりやすさを考え、主張が始めに来ていますが、「根拠→論拠→主張」と、しっかり論理が構成されています。

> ◆例文2◆
> 「Let's start the meeting at 2 p.m. We will have a talk with people of Yokota Industrial in the morning and we may have to reconsider our project depending on the meeting results.」
> （会議は2時から始めることにしよう。午前中に横田インダストリアルの社員との話し合いがあり、その結果によっては、プロジェクトを見直す必要があるかもしれないから）

「会議の時間設定を2時にする」提案の理由が述べられていますが、「午前中に他社との会議がある」という事実（根拠）だけでは、会議の開始時刻を12時や13時にする十分な理由にはなっていません。そこで、「他社との話し合いの結果は不確定で、プロジェクトを見直す必要があるかもしれない」と会議の前に時間が必要な可能性を論拠として示すことで、主張と根拠を結んでいます。

> ◆例文3◆
> 「Will you reserve a table for four at 8 o'clock tonight at

> Tenfuji? Mr. Brown likes Japanese cuisine very much and I guess he will be delighted to have tempura.」
> （今晩8時に天ふじに4人席の予約をお願いします。ブラウンさんは大の日本食好きで、天ぷらだと喜ぶと思うんだ）

　ごく普通の会話ですが、話し手の意図を汲んで論理の流れを見てみると、以下のようになるでしょう。
「天ぷら料理の店にブラウンさんとの会食の予約を入れる」（主張）
「ブラウンさんは大の日本食好きである」（根拠）
「日本食好きの人は天ぷらを食べるのが好きであろう」（論拠）
「ブラウンさんが日本食を好き」かどうかは事実としても、「日本食が好きな人はすべて天ぷらが好き」かどうかは、論拠としては十分ではないかもしれませんね。日本食好きでも、天ぷらは苦手という人もいるでしょうから。話し手もこの辺りを感じてか、「I guess」という言葉を添えて、断定感を和らげているようです。

5 つなぎの言葉を明示的に使用する(実践編)

ある営業担当者が、モバイル通信機器を売り込んでいます。

【NG例】

「There are many reasons I recommend that you buy our communication device. It is LTE compatible and you can access to the Internet when you don't have wi-fi connection. And it is completely water-proof. You can communicate with your friends even when you are swimming in the sea. And the price of it is far less expensive than those of other devices in this field.」

(この通信機器をお勧めする理由がたくさんあります。LTE対応でwifiがなくてもインターネットに接続できます。そして、完全防水なんです。海水浴を楽しんでいる最中でも、お友達とコミュニケーションが取れます。そして、価格が、この分野の他のものに比べて、はるかに安いんです)

なかなか良さそうな通信機器ですね。しかし、だらだらと利点を説明している感が否めません。なぜなら、つなぎの言葉にバリエーションが乏しく、適切な言葉が使われていないからです。
　たとえば、次のようにしたらどうでしょうか。

【改善例】
「There are three main reasons why I recommend that you buy our communication device. First of all, it is LTE compatible and you can access the Internet when you don't have wi-fi connection. And second of all, it is completely water-proof. For example, you can communicate with your friends even when you are swimming in the sea. And on top of that, the price of it is far less expensive than those of other devices in this field.」
（この通信機器をお勧めする理由が主に3つあります。先ず第1に、LTE対応でwi-fiがなくてもインターネットに接続できます。そして、第2に、完全防水なんです。たとえば、海水浴を楽しんでいる最中でも、お友達とコミュニケーションがとれます。その上、価格が、この分野の他の機種に比べて、はるかに安いんです）

　この機器を購入する理由を、「First of all」（第1に）、「second of all」（第2に）などと番号を振って、順番に挙げています。また、聞き手がイメージしやすいよう例を挙げて

説明する所では、「For example」(たとえば) と例示であることを明らかにしています。また、最後の理由を「on top of that」(その上) と強調するすることで、価格が安いことを、この機器を購入する最も大きな理由として挙げています。

このように、必要な所に、適切なつなぎの言葉を使用することで、聞き手の理解を促し、聞き手に受け入れられやすい主張を行うことができます。つなぎの言葉の重要性を理解し、バリエーションを増やすよう心がけましょう。

◆例文１◆
「I'll show you how to start this machine. First, put the red lever up to the yellow line. Second, set the timer. And Lastly, push the start button.」
(この機械の動かし方を教えよう。最初に、赤いレバーを黄色い線まで引き上げる。次に、タイマーをセットする。そして最後に、スタートボタンを押すんだ)

何かの操作方法などを説明する場合には、操作の順序が大切になります。ここでは、「First」「Second」「Lastly」と順序を明示する言葉を使うことで説明をわかりやすくしています。

◆例文２◆
「Eating chocolate at break time is relaxing. In addition, it gives energy to your brain.」

> （休憩時間にチョコレートを食べるとリラックスできます。加えて、脳にエネルギーも与えます）

「In addition」（加えて）は、情報を追加するときに使用するつなぎの言葉です。チョコレートには、人をリラックスさせる効果があるのに「加えて」脳にエネルギーを与える効果もあると情報を付け足しています。

> ◆例文3◆
> 「Our company deals in recyclable materials, such as plastic, glass and paper.」
> （我が社は、プラスチック、ガラス、紙などのリサイクル可能な物質を扱っています）

「such as 〜」（〜など）は、「for example」（たとえば）などと同様に、前に出された事柄の具体例を出すときに使用します。この場合は、「リサイクル可能な物質」の例として、プラスチック、ガラス、紙を挙げているわけです。例を挙げることで、聞き手に具体的なイメージを思い浮かべさせ、理解が深まる効果があります。

6
帰納的推論を理解する（実践編）

【NG 例】
「I think we should emphasize the eco-friendliness of our product to Munich Inc. I know Germans put environment over performance. That's what I learned from my German friends.」
（ミュンヘン社には、うちの製品の環境への優しさを強調すべきだと思うな。ドイツ人は性能よりも環境を大切にするんだ。ドイツ人の友達から学んだことだよ）

　発言者は、「ドイツ人は性能よりも環境を大切にする」という主張を「ドイツ人の友達から学んだこと」としています。つまり、発言者のドイツ人の友達が性能よりも環境を重視しているので、「ドイツ人は一般的に性能よりも環境を重視する」という結論を導いているわけです。
　個々の事例から一般的な結論を導くこのような論理の展開は、前章で説明した通り「帰納的推論」と呼ばれます。

帰納的推論を行う上で重要なのは、結論を導くための事例が典型的で十分な数のあることです。

　上記の例では、発言者のドイツ人の友達がいくら多いとしても、そして彼らが性能よりも環境を大切にするとしても、それをドイツ人一般に当てはめることは、少々無理があるでしょう。個々の事例とそれらから導かれる結論に大きな乖離があれば、それは単なる「決めつけ」となってしまいます。「○○はこうだ！」というステレオタイプ（紋切り型）のものの見方や表現は、ビジネスの場ではできる限り控えた方が良いでしょう。

　この場合、次のように表現を和らげてはいかがでしょうか。

【改善例】
「I think we should emphasize the eco-friendliness of our product to Munich Inc. I think Germans tend to put more importance on environment over performance. It may not be always true but most of my German friends do so.」
（ミュンヘン社には、うちの製品の環境への優しさを強調すべきだと思うな。ドイツ人は性能よりも環境を大切にする傾向があると思うよ。必ずしもいつも正しいとは言えないかもしれないけど、ドイツ人の友達のほどんどがそうなんだ）

　または、次のように帰納的推論に頼らずに、適切なデータ

を示して、主張のサポートとすることもできるでしょう。

> 【改善例】
> 「I think we should emphasize the eco-friendliness of our product to Munich Inc. According to a research conducted by German government, they generally put environment over performance.」
> (ミュンヘン社には、うちの製品の環境への優しさを強調すべきだと思うな。ドイツ政府による調査によると、ドイツ人は、一般的に、性能よりも環境を大切にする傾向があるそうだから)

　以下に、3つのNG例と改善された例文を紹介します。主張を裏づける事実を少し補うだけで、NG例より説得性が増しているのがわかりますね。

> ◆例文1◆（NG例）
> 「About two-thirds of the staff members of the sales department got a salary raise. I also work in the department and it is highly possible that I will also get a raise.」
> (営業部の約3分の2の社員の給料がアップした。私も営業部員なので、給料アップの可能性が高いだろう)

　話し手は「営業部の3分の2の社員の給料がアップした」

ことを根拠に、自分の給料もアップすると考えていますね。しかし、給料が上がることの理由は、企業の業績アップ、定期昇給、社員の成績など、様々考えられますから、3分の2の社員の給料アップという事実だけで、このような結論を導くのは果たして妥当でしょうか？ 場合によっては、その他の3分の1の社員には、給料ダウンの可能性さえあるかもしれないのです。重要なのは、なぜ3分の2の社員の給料がアップしたのか、そして、それはこの人物にも当てはまるのかどうかでしょう。

◆例文1◆（改善例）
「About two-thirds of the staff members of the sales department got a salary raise. All of them achieved their own sales goal by more than 100%. I also work in the department and my performance is 160%. Therefore, it is highly possible that I will also get a raise.」
（営業部の約3分の2の社員は給料がアップした。彼らの全員は、売上目標に対して100％以上の達成をなしている。営業部に属する私は160％の成績である。したがって、私も給料アップの可能性が高いだろう）

◆例文2◆（NG例）
「Engineers are really obstinate. I have worked with many engineers so far. They all insisted on their own views and never followed my advice.

> （エンジニアは本当に頑固だ。これまで多くのエンジニアと働いてきた。彼らはみんな自分の意見を主張して、私の忠告に決して従おうとはしなかった）

　話し手がこれまで一緒に働いたエンジニアは、一体何人いたのでしょうか。たとえ数は少なくないとしても、個人が出会えるエンジニアの数には限りがあるはずです。それだけでも、一般論としてエンジニアが頑固だと結論づけるには不十分であるのは明らかです。これでは、きちんとした主張というよりも、経験を元にした個人的な意見と見なされても仕方がないでしょう。

◆例文2◆（改善例）
「Engineers are really obstinate. I have worked with more than 100 engineers so far. They all insistaed on their own views and never followed my advice.」
　（エンジニアは本当に頑固だ。これまで100人以上のエンジニアと働いてきた。彼らはみんな自分の意見を主張して、私の忠告に決して従おうとしなかった）

◆例文3◆（NG例）
「All the projects Mr. Kato supervised succeeded. I am sure that his next project will be successful.」
　（加藤さんが監督したプロジェクトはすべて成功した。きっと次のプロジェクトも成功を収めるだろう）

加藤さんの過去の成功例から、次のプロジェクトも必ず成功すると結論づけています。しかし、はたして、加藤さんはこれまでいくつのプロジェクトを監督してきたのでしょうか。また、加藤さんが監督したプロジェクトが、これまではすべて成功したからといって、次のプロジェクトも同様に成功すると言えるのでしょうか。これでは、「これまで何度も交通事故に遭ったが、すべて軽傷で済んだ。次に交通事故に遭っても軽傷で済むだろう」と言っているようなものでしょう。結論の確からしさを高めるためには、加藤さんの監督能力など、これまでの成功要因を分析し、それが次回も当てはまることを説明する必要があるでしょう。

◆例文３◆（改善例）
All the projects Mr. Kato supervised succeeded because of his excellent scheduling skills and human resource managemant. It seems that his next project will also provide practical schedule and staff allocation. I am sure that it will be successful.

（加藤さんが監督したプロジェクトは、彼の適切なスケジューリングと人材配置によってすべて成功した。次のプロジェクトのスケジュールも人材配置も適切であるようだ。きっと次回も成功を収めるだろう）

7 アナロジーを用いる（実践編）

アナロジーは「たとえ」です。第2章で述べた通り、より身近だったり、簡単だったりするものを使って、未知の事柄や複雑な事柄を説明する方法です。

> 【NG例】
> 「In business, you have to firmly grasp the current situation, set a goal, and figure out the ways to reach the goal.」
> （ビジネスでは、現状をしっかりと把握し、ゴールを定め、そのゴールにたどり着く方法を考えなくてはならない）

ビジネスについて述べたこの文章をわかりやすく説明するアナロジーは何でしょうか。始まりがあり、ゴールがある。そしてそこにたどり着く方法を考える。そうですね。それはまるで旅行のようですね。そこで、以下のようなアナロジー

はいかがでしょうか。

> 【改善例】
> 「Business is like a journey. You have to know the starting point. You have to know the destination. And you have to figure out the route and the transportation to reach there.」
> （ビジネスは旅のようなものだ。出発地点を知らなくてはならないし、目的地も知らなくてはならない。そして、そこにたどり着くまでのルートや乗り物を考える必要があるのだ）

また、たとえば、wi-fi モデムの説明で、以下のような特徴を理解してもらいたいときには、どのようなアナロジーが使えるでしょうか。

> 【NG 例】
> 「With this wi-fi modem, you can access the Internet wherever you are and search for anything you want to know instantly.」
> （この wi-fi モデムを使えば、どこにいようとインターネットにアクセスして、即座に知りたいことを調べることができます）

このモデムを使えば、インターネットという巨大な情報の

宝庫にアクセスできる。まるで個人の専用図書館を持って歩くようですよね。そこで、たとえば、次のような説明ではいかがでしょうか。

> 【改善例】
> 「Having this wi-fi modem is like carring a huge private library with you. Wherever you are, you can instantly search for anything you want to know on the Internet.」
> （この wi-fi モデムを持つことは、あたかも個人用の巨大な図書館を持ち歩くようなものです。どこにいようと、インターネット上で、たちまち知りたいことが調べられるのです）

　このようにアナロジーを使えば、複雑だったり、説明に手間のかかる事柄も、聞き手に簡単に理解させることが可能になります。説明を行う際には、何か良いたとえはないか、考えてみてはいかがでしょうか。

> ◆例文1◆
> 「Doing business is like climbing a mountain. Be prepared, and you can decrease the risk of failure.」
> （ビジネスを行うのは登山に似ている。準備万端であれば、失敗のリスクを減らすことができるのだ）

　ビジネスを登山にたとえています。どちらも努力してさら

なる高みを目指すという意味では、共通していますね。そして、登山には十分な準備が必要で、それはビジネスにも言えることだと述べているわけです。

◆例文 2 ◆
「This auto-cleaner is your maid. You only have to turn on it and it will clean your house instead of you.」
（この自動掃除機はまさにお手伝いさんです。スイッチを入れるだけで、あなたの代わりに家を掃除してくれます）

CM などでありそうなフレーズですね。本人に代わって家の掃除をしてくれる点から、自動掃除機をお手伝いさんにたとえています。この後に具体的なポイントを挙げていけば、プレゼンテーションの良い導入として使えそうです。

◆例文 3 ◆
「Relocation of the headquarter can be a good way to cut unnecessary work and sections in the company. It is like moving. When you move house, you don't bring everything with you and try to dispose of unnecessary things.」
（本部の移転は不必要な業務や部署を切り捨てる良い方法である。たとえれば引っ越しのようなものだ。引っ越すときには、すべて一緒に持って行こうとはせず、いら

> ないものは捨てていこうとするだろう）

　ここでは、本部の移転に伴う業務のスリム化を、前述の引っ越しのたとえを使って説明しています。スリム化を証明する理由としては十分と言えないかも知れませんが、わかりやすさという点では十分な効果を上げているでしょう。

コラム③

**1人でできるロジカルシンキング向上法
（その2）**

（59ページコラム②からの続き）

　このように主張と理由を分けた上で、その主張の部分を追っていくと、文章の論理構成が明らかになります。まず、この時点で、説得力のある文章かどうかが判断できます。

　さらに、それぞれの主張がきちんと理由を伴っているか、その理由は主張を支持するのに十分かを考えます。そのためには、理由の部分を第2章で説明したように、「根拠」（data）と「論拠」（warrant）に分けてみると良いでしょう。こうすることで、個々の主張の強さを評価することができます。主張はしっかりしているのに、まったく理由が示されていないとか、根拠はあるのに論拠が不明であるとか、主張をしっかり支えるには問題がある場合も少なくありません。

　さらに、時間があれば、その文章を否定する側に立ったと仮定して、それぞれの主張に対する反論を考えてみると良いでしょう。具体的には、主張に対する反論を、きちんとした理由をつけて行ったり、文章の中の主張を支えている理由の部分、つまり「根拠」（data）と「論拠」（warrant）に対して、その不備を突く反論を考えたりしてみましょう。こうすることで、さらにロジカルシンキングのスキルが向上します。

　まさに「1人ディベート」を行っている感じですね。効果抜群ですので、ぜひお試しを。

第3章　ビジネスシーンでロジックを使ってみよう

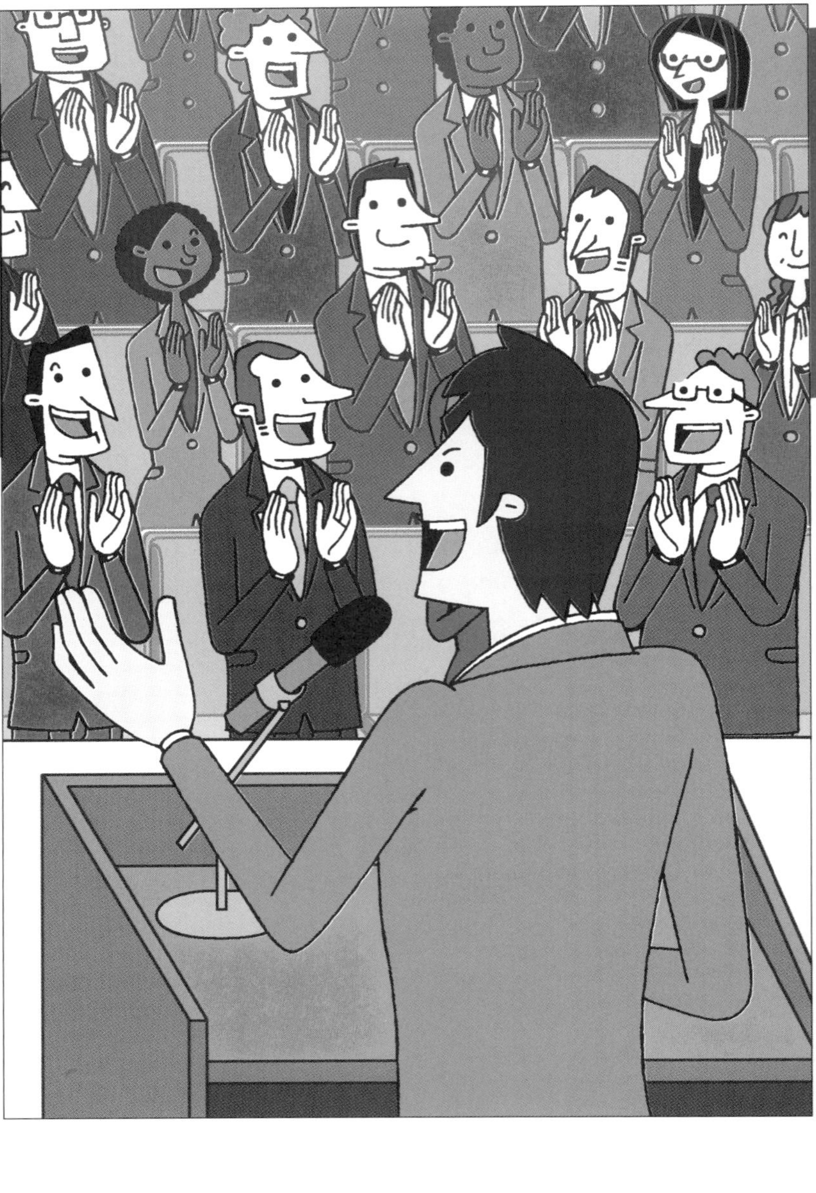

第4章

英語でロジカルにアウトプットしてみよう

　この章では、これまで学んだロジックと、各ロジックを使った英文例を参考に、ビジネスの２大アウトプットである、プレゼンテーションとｅメールライティングに挑戦します。プレゼンテーションはスピーキング英語、ｅメールはライティング英語が反映されていますが、最近はスピーキングとライティングの境界線がどんどん曖昧になっています。したがって、スピーキング向けの表現、ライティング向けの表現を別々に学習する必要はありません。どちらの英語を使うにせよ、最も重視すべきことは、しっかりとしたロジックに裏づけられた文章かどうかということです。本章で紹介する英文についても、細かな表現はさておき、これまで習ったロジックがどのように文書全体に反映されているかを確認しておきましょう。

　最終章は、あえて比較的長めの文書を用意させていただきました。文書の情報量が多くなればなるほど、ロジックがしっかりしていないと、読み手を迷子にさせてしまいます。つまり、長い英文を書くときこそ、大量の情報を伝達するときこそ、全体にどんなロジックを反映させるべきか、あらかじめイメージしておくことが大切です。

1 プレゼンテーションの基本

1 一般的なプレゼンテーション

　プレゼンテーションとは、広い意味では「人に何かを伝えること」です。具体的には、人に何かの説明をしたり、紹介をしたり、何らかの提案を行ったりすることです。また、図やチャートなどの視覚資料を利用することも多くあります。

　人に情報を伝えるわけですから、プレゼンテーションには必ず聞き手が存在します。伝える側の一方的なおしゃべりではないのです。

　このように、プレゼンテーションは、伝える側、伝えられる側、伝える内容とその方法から成り立っています。

　さて、プレゼンテーションの目的は何でしょう。それは、話し手の伝えたいことを聞き手に理解してもらい、多くの場合、その上で何らかの行動をとってもらうことです。たとえば、新商品の説明であれば、その良さを理解してもらい、そ

の上で買ってもらう。提案であれば、提案の意義を理解してもらい、その提案を受け入れてもらう。つまり、聞き手に訴えるスピーチなのです。

聞き手の理解を促すためにはいくつかのポイントがあります。

まずは構成です。プレゼンテーションの大まかな構成は以下の通りです。

挨拶（greeting）→導入（introduction）→本文（body）→まとめ（conclusion）

まずは軽く挨拶。これはコミュニケーション上大切なマナーですよね。

そして導入です。ここでは、本文の理解を促すような話や、プレゼンテーションのテーマの説明を行います。

次に本文です。これはプレゼンテーションのメインパートです。ここでは具体的な主張やその主張を支える理由などを具体的な数字や事実などを示しながら展開していきます。

最後に来るのがまとめです。ここでは、本文で述べた主張など重要な点を再度提示し、強調します。以下に説明するように、聞き手は、話し手が思っているほど十分には話を理解していません。そのため、重要な点は繰り返し強調する必要があります。

2 ディベート手法を用いたプレゼンテーション

　あるテーマの賛否を、肯定側と否定側に分かれて話し合う議論の形式を「ディベート」と呼びます。中でも、聞き手に対して「〜すべきである」という提案を行い、その是非を争うディベートを「政策ディベート」と呼びます。そして、政策ディベートで、賛成側（肯定側）は、その提案を行う理由として、その提案を行うことで深刻な問題を解決することができるからと説明することが多いです。これは聞き手にとっての利益を説明するよりも、聞き手のニーズに訴える方が説得力があるからです。これを「問題解決型提案」と呼ぶこともあります。

　そして、その説明のポイントは次の3点があります。

> ポイント1：現状に問題がある
> ポイント2：その問題は非常に深刻である
> ポイント3：提案を行うことでその問題を解決できる

　業務でも、そして日常生活でも、ある提案を行う際には、この3点を踏まえて説明を試みることが非常に有効です。またこの3点をきちんと説明しなければ提案は受け入れられません。問題がなければ、そもそも提案を行う必要はありませんし、問題があっても大して深刻でなければ、わざわざ提案を行う必要はないでしょう。また、深刻な問題があっても、

提案を行うことで解決できなければ、提案を受け入れる理由にはならないからです。逆に言えば、これら3点を踏まえて提案を行えば、聞き手を「なるほど！」と説得することができるのです。

3 聞き手を意識する

プレゼンテーションを行う際には、上記の構成に沿った上で、内容をわかりやすく伝える必要があります。そのための具体的な方法が「7つのロジック」です。再度確認してください。

大切なのは「聞き手を意識して伝える」ことです。伝えることと伝わることは違うという認識が大切です。話の内容は、話し手が思っているほどには、聞き手に理解されていないことが多いです。この点を認識していないと、「だってちゃんと言ったじゃないですか」「えぇ？　聞いていないよ」ということになりかねません。プレゼンテーションの目的は聞き手に理解してもらうことです。聞き手に理解されなかったら、きちんと伝えたことにはならないのです。コミュニケーションの責任の多くは伝え手にあります。したがって、重要な点は、繰り返したり、声の調子を変えて強調したり、速度を変えてゆっくりとわかりやすく話したりすることが大切です。

2 ディベート的手法を用いたプレゼンテーションの例

【プレゼンテーション】

① Today, I would like to make a new proposal for in-house English training of our company.

My proposal is the shift from input-oriented English training to output-oriented one. My concrete plan is to introduce English debate into our in-house English training course.

② As we all know, we have mainly conducted courses for TOEIC to aim to improve scores in listening and reading of the test as in-house English training for these several years. I admit that these courses have made a great success. For example, the employees, who took the courses last year, took the TOEIC test again this year and got 150 points or more than they did in the previous test in average. But, unfortunately, I have to point out that these are the scores of listen-

①簡単な挨拶の後、今回のメインの主張、社内研修での英語ディベート研修の導入を訴えています。

②現状の問題点の指摘です。現在のTOEIC用の社内研修が、リスニングとリーディングというインプット面を向上させることはできていても、スピーキングとライティングというアウトプット面を向上させることができていないと指摘しています。また、具体的な根拠（data）を挙げて聞き手が納得できる主張を行っています（ロジック3）。全体として、「帰納的推論」を使用した論理の組み立てになっています（ロジック6）。

ing and reading. In other words, they are the scores of input-oriented skills, not that of output-oriented ones, like speaking and writing. In fact, we conducted TOEIC Speaking and Writing test for those same employees last month. The result was that there were many people whose TOEIC Speaking and Writing scores were only about 100 out of 200, although their TOEIC Listening and Reading scores were more than 750.

③ I think this is the very serious situation for our company.

We cannot deny the possibility that in doing business our employees can understand what clients overseas think and say but cannot convey what we really think and say to overseas counterparts. That kind of miscommunication has a risk to reduce our profits, destroy foreign companies' trust in our company, and become a big obstacle to our future business.

④ For these reasons, I would like to offer a proposal that we should introduce an output-oriented English training, namely, English debate training with the aim to improve TOEIC Speaking and Writing test scores.

⑤ I am sure that the English devate training is very effective in solving the problem.

⑥ First, debate is just output-oriented educational activity. In debate, the affirmative and the negative ex-

③問題の深刻性を具体的に述べることで、聞き手に事態の深刻さを伝えています。

④問題点とその深刻さを指摘した後、再度、英語ディベート研修導入の提案を述べています。問題点を指摘した上で、「だからこそ、この提案が必要なのだ」という論理の流れです。

⑤ディベート的プレゼンテーションの最後のポイントは、提案の問題解決力です。問題の解決力について、以下3点に分けて説明を行っています。

⑥1点目は、ディベートが正にアウトプット型の教育トレーニングだという点です。「沈黙は金」という諺を逆に利用して、話の効果を上げている点にも注意しましょう。「アナロジーを用いる」（ロジック7）の応用と言えるでしょう。

change arguments for or against a given topic in order to persuade judges. Each debater must present his/her arguments effectively and efficiently in a limited speech time. Because if you don't say anything, it is understood that you admit the opponent's arguments and you are most likely to lose the debate. In debate and of course in business, "Silence is not gold."

⑦ In addition, debate training fosters practical negotiation skills effectively. In business negotiations, it is common that deals are settled in five or ten minutes. Debate is a good training to gain the skill to argue efficiently in a very short time because it is a game to make and exchange claims, refutations, and rebuttals in limited time. It is exactly the training needed for quick thinking and it also improves business communication of our employees.

⑧ Plus, English debate training not only improves the ability of output but the ability of input. To persuade judges, it is not effective to just repeat your claims again and again. At the same time, you have to make proper responses to the opponent's claims. And to do so, you have to listen to your opponents with concentration and grasp what they say correctly. In this sense, debate is also a good training for input.

⑨ I hope you would agree to my proposal.

⑦2点目は、ディベートで実践的な交渉力を育めるという点です。聞き手は、ロジック4で取り上げた論拠（warrant）に関する解説を思い出し、「実践的な交渉力が身につく」ことと「ビジネスでのミスコミュニケーションを防ぐ」ことをつなぐ論拠（warrant）が十分かどうか考える必要があります。

⑧3点目で述べられているのは、ディベートが実はアウトプットのみならずインプットの能力を上げることにも役立つという点です。聞き手の「ディベートを行うとリスニングやリーディングの能力が疎かになるのではないか」という疑問に予め答える形になっています。これをディベートでは「Preemption」（先制攻撃）などと呼ぶこともあります。

⑨最後に提案の受け入れを求めてプレゼンテーションを締めくくっています。

【訳】

①本日は、我が社の行っている英語に関する社内研修に新たな提案をしたいと思います。

私の提案は、受信型研修から発信型研修への転換です。具体的には英語ディベート研修を社内研修に導入することです。

②ご存じのように、我が社の英語社員研修では、ここ数年来TOEICのリスニングとリーディングのテストのスコアアップを図るコースを主として行ってきました。もちろん、これはこれで大きな成果も上げております。たとえば、昨年度の受講者に今年再びTOEICを受験させたところ、前回の受験時に比べまして、平均してスコアが150点以上上がっております。しかし、残念ながら、これはあくまでもリスニングとリーディングという、いわば受信型のスキルのスコアです。スピーキングやライティングという発信型のスキルではないのです。実際、先月、同じ受講者を対象に、TOEICスピーキング＆ライティングの試験も実施したところ、TOEICリスニング＆リーディングのスコアが750点以上であるにもかかわらず、スピーキングとライティングのスコアがそれぞれ200点満点中、100点前後という受講生が多くいました。

③これは我が社にとって非常に深刻な問題だと考えます。

このままでは、海外との取引の際に、相手の主張は何

とか理解できるものの、こちらの主張を相手に伝えることができない可能性が否定できません。このミスコミュニケーションは、我が社の利益を損ない、同時に他社からの信頼を傷つけ、今後の取引に大きな支障となる危険性もあります。

④以上のことから、私は、TOEICスピーキング＆ライティングのスコアアップを目標としたアウトプット型英語研修、具体的には英語ディベート研修を積極的に導入すべきだと提案致します。

⑤この提案は、現状の解消に非常に効果的だと考えております。

⑥まず、ディベートはまさにアウトプットを主眼とした教育活動だからです。ディベートでは、与えられた論題の下、肯定側と否定側に分かれて、ジャッジの説得を目的に主張を戦わせます。各ディベーターは、限られたスピーチ時間を最大限有効に活かして主張を行わなければなりません。なぜならば、何も言わないと相手の主張を認めたことになってしまい、試合に負けてしまうからです。ディベート、そしてもちろんビジネスの上でも、「沈黙は金」ではないのです。

⑦また、ディベート研修は、より実践的な交渉能力を育みます。ビジネス交渉では、5分10分で決着がつくことが多くあります。ディベートは短時間で効果的に議論をするスキルを身につける良いトレーニングとなります。ディベートでは限られた時間で、主張、反論、再反

論を繰り返すゲームだからです。ディベートはまさにクイックシンキングの訓練で、そのことで我が社の社員のビジネスコミュニケーション能力が向上します。

⑧さらに英語ディベート研修は、アウトプットだけでなく、実はインプットの能力の向上にもつながります。審査員を説得するためには、自分たちの主張を繰り返すだけでは効果的ではなく、相手の主張に対しても的確な反論を行わなくてはなりません。そして、そのためには、相手の言っていることを集中して聞き、正確に理解する必要があるからです。この意味では、ディベートは、インプットにも大変有効な訓練とも言えるのです。

⑨ぜひ、英語ディベート研修の導入にご賛同いただければと思います。

【解説】

この社内研修に関する提案は、ディベート的手法を用いたプレゼンテーションです。問題解決型提案として、前述の3つのポイントを押さえてプレゼンテーションが行われています。すなわち、以下のように論理が展開されています。

ポイント1：現状に問題がある（②）
ポイント2：その問題は非常に深刻である（③）
　　　　　具体的提案（④）
ポイント3：提案を行うことで問題を解決できる（⑤⑥
　　　　　⑦）

また⑧では、提案を行うことで発生すると考えられるデメリットに対しても言及し、むしろインプットの能力も上がるのだと、逆にメリットに変えてしまっています。こういった点も提案の説得力を上げる働きをしています。

第4章　英語でロジカルにアウトプットしてみよう

3 新製品の発表に関するプレゼンテーションの例

【プレゼンテーション】

① Hello everyone. Today, we are very proud to introduce you our new product, "Ultimate Mobile Translator."

This new product is considered innovative in the following three points.

② **First** of all, it is wearable. As you can see, it is an earphone type device and there is a small round part at the end of the cables. In this round part, a highly sophisticated microphone and a speaker are embedded. The microphone picks up the voice of your conversational partner and instantly translates it into your language, which is sent to the earphones. It also picks up your speech, translates it into your partner's language, and emits it through the speaker.

③ **Second**, this translator can instantly translate all the

① まずプレゼンテーションのはじめとして聴衆への挨拶を行い、導入として、新商品の紹介とその3つの利点を伝えることを説明しています。

② ここから「First」「Second」「Third」とつなぎの言葉を使用しながら、3つの利点を説明しています。1点目は、小型で身につけて使用できる点を挙げています。

③ 2つ目の利点として、世界中のすべての言語を翻訳できる点を挙げています。

languages in the world. We have analyzed and studied language structures of many languages many years and finally developed this innovative technology.

④ Third, translated words are emitted in your voice. This is enabled by sampling your voice and using it for the translated speech. So, with this compact device, you can have a conversation with your foreign friends as if you were talking in their languages.

⑤ As you can see, the Ultimate Mobile Translator is an original, revolutionary, and unique product. Please try it yourself. Thank you very much.

④最後に、3つ目の利点として本人の声で翻訳された音声を発することができる点を紹介しています。

⑤ここではプレゼンテーションの締めくくりとして、この商品が、独創的、画期的、比類のないことを強調し、実際に手にとって試してみることを聴衆に勧めてまとめとしています。

【訳】

①本日は、みなさまに、我が社の新製品「アルティミット・モバイル・トランスレータ」を紹介することができ、光栄に思っております。この新製品は、以下の3つの点で革新的です。

②まず第1に、これは身につけて使用することができます。ご覧いただいておわかりのように、この製品はイヤフォン型の機器でケーブルの橋に小さな丸い部分がございます。この丸い部分には高性能のマイクとスピーカーが入っております。マイクがみなさまの会話相手の声を拾い、瞬時にみなさまの言語に翻訳し、イヤフォン部に送ります。また、マイクはみなさまの声を拾い、会話相手の言語に翻訳し、スピーカーを通して発信するのです。

③第2に、このトランスレータは、世界のあらゆる言語を瞬時に翻訳することができます。我が社の長年の言語構造分析と研究によって、ついにこの革新的な技術が開発されたのです。

④第3に、翻訳音声は、実際のみなさんの声で発せられます。これはみなさまが話す際の音声をサンプリングし、それを使用して翻訳音声とすることで実現されています。したがいまして、この小さな機器を使えば、あたかもみなさまが外国の方と実際にその言語で話しているかのように会話を楽しむことができるのです。

⑤以上のように、これは独創的で画期的で比類のない

商品です。ぜひ、お手にとってご自分でお試しください。ありがとうございました。

【解説】

このプレゼンテーションは、新商品である高性能小型翻訳機の発表に関するものです。ロジック1「つながりがわかるように話す」、ロジック2「理由をつけて主張する」ことがポイントになっています。

プレゼンテーションは、一種の主張です。主張の目的は相手を説得することです。相手を説得するためには、ロジック1で説明したように、相手にわかりやすく伝える必要がありますし、ロジック2のように理由をつけて主張をサポートすることも必要です。

このスピーチでは、聞き手に「アルティメット・モバイル・トランスレータ」の素晴らしさを理解し、購入を促すことが目的になっていると考えられます。そのため、スピーカーは、できるだけ具体的にわかりやすく説明を行い、また主張をサポートする理由を3つに分けて説明し、説得の効果を高めています。

4

営業部のミーティングでの営業部長からの指示

【プレゼンテーション】

① Hi, everyone. Today, I will tell you about what I really want you to do when you talk with our customers. It is to positively disclose the disadvantages of the product. You will not be able to get the trust of your customers only by telling them the benefits they can get from the product. Definitely, it is true that revealing drawbacks of products you want your customers to buy will give you disadvantages in business talk. But, telling them drawbacks without hesitation can show your customers your sincerity. It will show that you will not hide the information that does no good to your company. It will surely enhance your credibility.

② Also, telling disadvantages beforehand makes customers understand the benefits and drawbacks of the product, and they will be able to make rational deci-

①まず簡単な挨拶の後、導入部を切り出します。話し手の基本的な主張は「商品のデメリットも積極的に伝える」ということです。その理由として「商品のメリットを説明するだけでは、顧客の信頼を得ることはできない」からだとしています。次に、考えられる聞き手の疑問を「Definitely」（当然）というつなぎの言葉を利用して認めた上で、それを「But」（しかし）というつなぎの言葉で受けて、「あえてデメリットも説明することで、誠実な姿勢を示し、顧客の信頼感をアップさせる」ことができるとしています。つまり、デメリットを示すことの問題点を自ら述べつつも、そのマイナスが「顧客の信頼感アップ」というプラスに変わると主張しているわけです。まさに、自分が営業部の部下に向けて指示していることを自らの実例で示していることになります。

②「Also」（また）という情報を追加するつなぎの言葉を使用して、顧客に対して事前に商品のメリットとデメリットを伝えることで、顧客が合理的に判断して商品を選べるようになり、商品選択時の満足度の向上につながることにもなると指摘しています。

sions based on facts. And that is a very important factor of customer's satisfaction in choosing goods.

③ **Moreover**, revealing disadvantages will decrease future complaints from customers.

④ **To summarize**, it is more than important to not only tell benefits of a product but also reveal its drawbacks and still persuade customers to buy it because the benefits outweigh the drawbacks. That is the secret of success in selling goods.

③「Moreover」（さらに）というつなぎの言葉を使って、購入後のクレームが少なくなることもマイナス面を上回るプラスの要素だとしています。

④最後に、「To summarize」（まとめとして）というつなぎの言葉を使って、主張を再度提示し強調しようとしています。主張で始め、主張の再提示で締めくくるというまとまりのあるプレゼンテーションの形になっています。

【訳】

①おはようございます。本日は、私から、営業に際してみなさんにぜひ行っていただきたいことをお伝えしたいと思います。それは商品のデメリットも積極的に伝えるということです。商品のメリットだけを一方的に説明するだけでは、顧客の信頼を得ることはできません。当然、ある意味、買ってもらいたい自社製品のデメリットを紹介することは、商談場面では不利なこともあるでしょう。しかし、あえてデメリットも説明することで、自社に不利なこともきちんと伝える誠実な姿勢を示し、顧客の信頼感をアップさせることができます。

②また、予めデメリットも指摘しておくことで、顧客が商品のプラス面もマイナス面も十分に理解した上で、合理的に購入を決断することができます。これは商品選択における顧客満足度の重要な要素です。

③さらに、予めデメリットも説明しておくことで、購入後のクレームも少なくなるでしょう。

④まとめますと、商品を売るためにはその商品のメリットだけでなくデメリットもきちんと提示し、それを考えても商品を購入するべきだと消費者を説得することが非常に重要なのです。これが商品販売の成功の秘訣なのです。

【解説】

営業部のミーティングでの営業部長からの営業方法の指示

というビジネスの一コマです。相手を説得するためには、ついそのプラスの面だけを示してしまいがちですね。しかし、ここでは、マイナスの面もきちんと示すことで、顧客の信頼度を上げ、売り上げを伸ばそうというのです。

　ここでは、注釈を参考に、ロジック5の「つなぎの言葉」に注意して、スピーチの論理展開を確認してください。

5 プロダクトマネジャーの新任挨拶メール

To: Production Division Staff
From: Mary Gale, Products Manger
① Subject: Greetings
Dear staff

② Please allow me to introduce myself as a new employee of Globalwaves. I am Mary Gale and I will be working as the new Products Manger starting next Monday. I will be assuming responsibilities of John White, previous Products Manager.

I previously worked at Coral Valley Coop as products coordinator and helped with product development. I specialized in assessing the clients needs and incorporating them into product development.

③ My goal as the Products Manager is to provide innovative and marketable products to the market. As I have worked both in development and marketing re-

①件名も「Greeting」(ご挨拶)と簡潔に内容を表しています。読み手も件名を見ればすぐに何に関するメールなのかが理解でき、手間が省けます。

②まず、簡単な挨拶の後に、導入として自己紹介を行っています。

③「革新的で市場に合った製品を市場へ導入すること」をプロダクトマネジャーとしての目標として挙げ、自分が「顧客と弊社の将来の商品との関係を深めることでグローバルウェーブに貢献できると確信している」と述べています。そしてその理由として挙げているのが、「開発と市場調査の両方で仕事をした経験がある」ことです。単に自分の主張を述べるだけではなく、それがこれまでの経験に裏づけされたものだと読み手に伝えているわけです。

第4章 英語でロジカルにアウトプットしてみよう

search, I am sure I will be able to contribute to Globalwaves by strengthening the ties between your clients and our future products. Furthermore, I would like you to know that it is the hope of Globalwave to expand our products and get wider recognition from the clients

In the attached calendar, you will find the new product development schedule, as well as some updates and changes to our monthly product improvement meetings. I hope to get to know you better through our meetings and looking forward to hearing your opinions.

④ I am looking forward to working with you for our bright and successful future!

Mary Gale,
Products Manger

④最後に、会社の成功のために共に頑張ろうとまとめを行っています。

【訳】

To: 生産部門スタッフ

From: マリー・ゲール, プロダクトマネージャー

① Subject: ごあいさつ

② スタッフの皆様

　グローバルウェーブスの新社員として自己紹介させてください。来週月曜日から新しいプロダクトマネージャーとして就任するマリー・ゲールと申します。前プロダクトマネージャーのジョン・ホワイトさんの後任となります。

　私は以前コーラルヴァリーコープで、プロダクトコーディネーターとして製品開発にかかわっていました。私は特に顧客のニーズを把握し、それを製品開発へ組み込むことを担当していました。

　③ プロダクトマネージャーとしての私の目標は、革新的で市場に合った製品を市場へ導入することです。開発と市場調査の両方での仕事経験から、顧客と弊社の将来の商品との関係を深めることでグローバルウェーブに貢献できると確信しています。さらにみなさんには、製品範囲をひろげてもっと顧客から認識されることをグローバルウェーブとして願っていることを知っていただきたいと思います。

　添付の予定表で、新しい製品開発スケジュール、最新の月例製品改善会議と変更点をご確認ください。これらの会議を通してみなさんとさらに親しくなり、意見を聞

かせていただくことを楽しみにしています。

　④みなさんと明るい未来の成功に向けて一緒に働くのを楽しみにしています。

　マリー・ゲール
　プロダクトマネージャー

【解説】

　プロダクトマネージャーから生産部門スタッフに宛てた新任の挨拶メールです。

　このメールにおいても、「挨拶－導入－本文－まとめ」というプレゼンテーションの基本パターンがしっかりと押さえられています。また、全体を通して、明るく前向きな調子になっていることも、新任の挨拶としてふさわしいでしょう。

6 支店長から本社人事部長宛最低賃金引き上げ要請メール

To: Steve Woodward, Personnel Manager, Corporate Head Office
From: Peter Perkins, Manager, Cresent Beach Branch
Subject: Store staff minimum wage
Dear Mr. Woodward

① I am writing this email to express my concern regarding minimum wage at our stores. I know that minimum wage set so that our staff can provide basic amenities to themselves and their families. I have recently read a report in the New England Economics that workers cannot be happy to work at a company when their minimum wage is not proportionate with the present cost of living. I strongly believe It will be beneficial to both the company and its staff for the minimum wage to match living costs.

② Unfortunately, our stores' minimum wage no longer

第4章 英語でロジカルにアウトプットしてみよう

①ここでは最低賃金が「社員自身と家族に基本的な生活が提供できるように設定されている」ものであり、そうでない場合、社員は「その会社で働くことに幸福感を感じない」ことを主張しています。そしてその主張を、「New England Economics」という雑誌の記事を理由に具体的に説明しています。このことによって、筆者の主張が単に独りよがりなものではなく、客観的なデータに基づくものなのだということになり、その分説得力が増すことになります。

②このパラグラフでは、前のパラグラフを踏まえて、会社が抱える問題を具体的に説明しています。つまり現在の最低賃金では社員とその家族の基本的な生活を支えることはできず、中には別な仕事をして何とか暮らしている社員もいるというのです。現状の問題とその深刻性、緊急性を具体的に説明することで、すぐにでも解決しなければならない問題であることをアピールしています。

reflects an increasing cost of living. When the minimum wage was last set at $6.05 the yearly salary guaranteed by this wage was already below the average. Years later, after inflation has consistently raised the cost of living, staff earning minimum wage must struggle to support a family, thus often taking other jobs to make ends meet.

③ In order to remedy this problem and support the staff of our company, minimum wage must be increased. Even a small increase could help our staff who work too hard for too little just to make ends meet. Since I will be visiting the head office to make a presentation regarding the matter in June, I would like to discuss this with you to get your input in person. Please let me know when you are available for a meeting.

Thank you for your assistance in advance.

Best regards,

Peter Perkins

③ここでは、上記の問題を解決する手段として、最低賃金の引き上げを提案しています。①と②を踏まえた上で、提案を行っていることがわかるでしょう。また、賃金の大幅な引き上げでなく、たとえわずかな引き上げであっても、社員にとって大きな助けとなることを説明し、この提案を受け入れられやすくしていることにも注意してください。このように、このメールで述べられている提案を採用してもらえるよう、様々な工夫をし、説得力を大きく高めていると言えます。

【訳】

To: スティーブ・ウダード , 人事部長 , 本社

From: ピーター・パーキンズ , マネージャー , クレセントビーチ支店

Subject: 店舗スタッフ最低賃金

ウダード様

①私はわが社の店舗におけるスタッフの最低賃金の懸念についてご連絡を差し上げています。最低賃金は我々のスタッフが、自分自身と家族に基本的な生活が提供できるように設定されていることはわかっています。最近「New England Economics」で読んだ記事に、労働者は最低賃金が現在の生活費に見合ってない会社で働くことに幸福感を感じないとありました。私はわが社とその従業員の両者にとって、生活水準にあった最低賃金にすることが有益であると強く信じています。

②残念ながら我々の店舗の最低賃金は、増加する生活費を反映していません。最低賃金が$6.05で設定されていたとき、この賃金で保障されていた年収はその時点ですでに平均以下でした。その数年後には、インフレによって生活費がますます高くなり、最低賃金で働く従業員は、家族を養うのに苦労し、その結果、収支の帳尻を合わせるため、しばしば別な仕事を持たざるを得なくなっています。

③この問題を解決し、わが社の従業員を助けるためにも、最低賃金は増加しなくてはなりません。ほんの少し

賃金を引き上げるだけでも、ただ食べていくために、働きづめの割には見返りの少ない従業員には助けとなるでしょう。

　この件についてプレゼンテーションをするために６月に本社に伺うので、お会いしてこれについてお話しできれば幸いです。ご都合のよろしいときをお知らせください。

　よろしくお願いいたします。

　ピーター・パーキンズ

【解説】

　支店長から本社の人事部長に宛てた従業員の最低賃金引き上げに関するメールです。

　このメールでは、問題解決型提案が、ディベート的手法を応用して提示されています。具体的には、①・②でこの会社が抱える現状での問題点と深刻性を説明し、その解決方法として、従業員の最低賃金の引き上げを提案しています。このように論理を展開することで提案の説得力が上がる効果が期待できます。

7

会議中の宿泊先に関する提案メール

To: Joan Slone, Program Coordinator
From: Sally Coombs, Sales Division
Subject: Environmental conference
Dear Joan

① I've heard that the Environment Division is looking for ideas for the accommodations for the environmental conference this year. I would like to recommend Courtyard by the Beach as the main accommodation.

② I know that this conference is one of the biggest global event we have this year and it is important that all participating staff have a comfortable and enjoyable stay. I believe Courtyard by the Beach will satisfy all the needs we have.

③ Courtyard by the Beach is 10 minutes away by car and 15 minutes by bus from the conference center. I think we can provide buses for the participants to com-

①環境会議での滞在先として、「コートヤード・バイザ・ビーチホテルを推薦する」と単刀直入に結論を述べています。特にビジネスメールでは、このように、社内、社外を問わず簡潔に意図を伝えることが求められます。

②これ以降、①の推薦理由を述べています。このパラグラフでは、滞在先を決定する要因＝ゴールを設定しています。つまり、滞在先選びの最大の決定要因は、「参加者に快適に楽しんで滞在してもらうこと」とし、そのニーズを満たす滞在先が、コートヤード・バイザ・ビーチホテルだとしています。

③ここでは、コートヤード・バイザ・ビーチホテルが参加者のニーズを満たす具体的な理由を挙げています。会場までバスを用意できること、参加者の増加に対応できること、最近建てられたものなのでWi-Fiなど最新の設備が整っており、ビジネスセンターもあること、食事等に利便性があること、そしてその名の通りビーチに近い環境にあることです。これだけ理由をつけて推薦されれば、読み手も納得せざるを得ないでしょう。

第4章 英語でロジカルにアウトプットしてみよう

mute to the conference center for their convenience. It has 150 rooms available. If we have unexpected increase in the participants we might have to ask them to share rooms. Fortunately all rooms are condominium style rooms with bed rooms, living room and a small kitchen. So if people shared rooms, we can make sure to provide them a suite with two bed rooms. Since the hotel was founded just 3 years ago. Compared to other hotels in the area like Kennington's, it is equipped with all the up-to-date amenities including wi-fi's and business centers with the latest equipment. It has a bar, an all day dining and a café that serves light meals. The biggest selling point will be that, as the name states, it is right next to the beach.

④ There are other hotels closer to the conference center that are good in some other ways. I strongly believe if we can provide buses for the participants, Courtyard by the Beach surpasses all of them. It has spacious rooms and people have a little more choices with their meals. Moreover, they can take a walk on the beach to refresh themselves in the evening. I also believe we can negotiate corporate rate prices with the hotel.
Please let me know what you think.
Best regards,
Sally

④このパラグラフは全体のまとめになっています。他のホテルの可能性も示しながらも、③で述べた理由を再度挙げて、コートヤード・バイザ・ビーチホテルを推薦しています。

【訳】

To: ジョーン・スローン , プログラムコーディネーター

From: サリー・クーム , 営業部

Subject: 環境会議

ジョーン

①環境部が今年の環境会議の滞在先についてアイディアを募っているって聞きました。私はコートヤード・バイザ・ビーチを推薦いたします。

②この会議が今年わが社最大のグローバルなイベントで、参加者に快適に楽しんで滞在してもらうことが重要であると理解しています。コートヤード・バイザ・ビーチは私たちのすべてのニーズを満たしてくれるものと信じています。

③コートヤード・バイザ・ビーチは会議センターから車で10分、バスで15分ですが、参加者のためにバスを用意することができます。150の部屋数があります。もし予想外の参加者の増加があった場合は、部屋を相部屋にしてもらうようにお願いをしなくてはならないかもしれません。幸運なことに、すべての部屋はコンドミニアムスタイルで、ベッドルーム、リビングルームと小さなキッチンがあります。ですので、相部屋の場合は、ベッドルームが2つあるスイートを割り振るように手配することができます。このホテルは3年前にできたばかりです。ケニングトンホテルのようなその地域の別のホテル

と比べ、このホテルにはWi-Fiを含めた最新の設備があり、最新機器の備わったビジネスセンターもあります。バー、1日中営業しているレストラン、簡単な食事を出すカフェがあります。もっとも大きな魅力は名前の通り、ビーチのすぐ隣にあることです。

　④会議センターにもっと近く、別な利点のあるホテルは他にもいくつかあります。私としては参加者用にバスを用意することができれば、コートヤード・バイザ・ビーチが全ホテルを超えると強く信じています。部屋が広いですし、食事にも選択肢が少しあります。さらには夜には気晴らしのためにビーチを散歩することができます。また費用についてもホテルと交渉できると思います。

　どう思われるかお聞かせください。

　サリー

【解説】

　営業部員からの会議での宿泊先に関する提案のメールです。

　注釈をご覧いただいてわかるように、このメールも「導入－本文－まとめ」というプレゼンテーションの基本的な構成を踏まえて書かれており、書き手の意図が、読み手にわかりやすくなっています。また、いくつも具体的な理由を示して推薦理由を説明していること、他のホテルと比較して利点を述べていることにも注意してください。

◆著者紹介◆

安達　洋（あだち・ひろし）

1964年生まれ。中央大学法学部法律学科卒業。通勤時間などの細切れ時間を使いながら英語を習得し、海外留学経験ゼロから外資系医療機械商社へ転職。プロダクトマネジャーなどを務めた後、コロンビア大学大学院に進学し、修士課程（英語教授法）を修了。現在は研修講師集団ラーナーズジムを主宰し、東証一部上場企業をはじめとする多くの企業の社員英語研修を10年以上にわたり請け負う。最近は異文化コミュニケーション、ロジカルシンキング、知財戦略、現地語戦略など企業が必要とする様々なグローバルスキルを広く扱う講師集団に拡大中。著書多数。近著に『日産を甦らせた英語』（光文社）、『1日5分ビジネス英語トレーニング』『1日5分ビジネス英単語トレーニング』『スティーブ・ジョブズが教える実践英語トレーニング』『TOEIC300点でも世界で戦える英語術』（以上、総合法令出版）、『英語を日本語で学ぶ本』（PHPビジネス新書）などがある。

ブログ「安達洋の企業研修レポート」
http://ashitawahareruyo.blog.ocn.ne.jp/

瀬能和彦（せのう・かずひこ）

1964年生まれ。上智大学外国語学部英語学科卒業。ThinkHard代表。日本ディベート協会副会長、日本社会人ディベート連盟顧問、芝浦工科大学講師、ラーナーズジム提携講師などを兼任。日本語及び英語ディベートの研修講師を20年以上にわたり社会人、学生向けに行っており、高度な内容をわかりやすく説明する講義で定評がある。また、自身もディベーターとして日本語、英語による各種ディベート大会に参加し、多くの大会で優勝している。2004年には、第10回「ザ・デイリー・ヨミウリ」主催社会人英語ディベート大会で優勝。最近ではビジネスに必要な思考力、コミュニケーションを効果的に学ぶ手法としてディベートトレーニングを推奨しており、企業や官公庁向けセミナーや研修で活躍中。共著に、『Hello there! Oral Communication I』『NEW FAVORITE English Expression I、II』（以上、東京書籍）がある。

視覚障害その他の理由で活字のままでこの本を利用出来ない人のために、営利を目的とする場合を除き「録音図書」「点字図書」「拡大図書」等の製作をすることを認めます。その際は著作権者、または、出版社までご連絡ください。

英語でロジカルに伝えられるようになる本

2013年10月2日　初版発行

著　者　安達洋、瀬能和彦
発行者　野村直克
発行所　総合法令出版株式会社
　　　　〒107-0052　東京都港区赤坂1-9-15 日本自転車会館2号館7階
　　　　電話　03-3584-9821（代）
　　　　振替　00140-0-69059

印刷・製本　中央精版印刷株式会社

落丁・乱丁本はお取替えいたします。
©Hiroshi Adachi, Kazuhiko Seno 2013 Printed in Japan
ISBN 978-4-86280-378-8

総合法令出版ホームページ　http://www.horei.com/

総合法令出版の好評既刊

TOEIC300点でも世界で戦える英語術
安達洋 著

ビジネスで本当に求められる英語力を定義した上で、多忙なビジネスパーソンが限られた時間を最大限有効活用して英語を身につける方法を伝授。独学で英語を取得し現在は企業英語研修で活躍する著者ならではの、ユニークかつ説得力あるアドバイスが満載。

定価(本体1300円+税)

海外経験ゼロでも話せるようになる
1日5分ビジネス英語トレーニング
安達洋・岩崎ゆり子 著

多忙なビジネスパーソンがスキマ時間を使って効率的に英語を学習できるようにした教材。各ユニットはすべて実際のビジネスシーンで使われる表現や単語で構成。付属CDにはノーマルスピードとリスニング力強化に有効な2倍速音声を収録。

定価(本体1600円+税)

TOEIC対策にも使える
1日5分ビジネス英単語トレーニング
安達洋・岩崎ゆり子 著

グローバル企業をはじめ、東証一部上場企業で社員向け英語研修を行う著者待望の「1日5分シリーズ」第2弾。ビジネスシーン頻出の英単語約500語を厳選しており、例文・長文を通じて"使える"英単語を取得することができる。CD2枚付き。

定価(本体1800円+税)